名师名校名校长

凝聚名师共识
回应名师关怀
打造名师品牌
培育名师群体

眭明远影

基于核心素养的
初中英语单元整体教学
课堂建构

English

张理英 ◎ 主编

北京燕山出版社
BEIJING YANSHAN PRESS

图书在版编目（CIP）数据

基于核心素养的初中英语单元整体教学课堂建构 /
张理英主编. — 北京：北京燕山出版社，2022.5
ISBN 978-7-5402-6497-0

Ⅰ.①基… Ⅱ.①张… Ⅲ.①英语课－课堂教学－教
学研究－初中 Ⅳ.①G633.412

中国版本图书馆CIP数据核字（2022）第068938号

JIYU HEXIN SUYANG DE CHUZHONG YINGYU DANYUAN ZHENGTI JIAOXUE KETANG JIANGOU

基于核心素养的初中英语单元整体教学课堂建构

主　　编	张理英	
责任编辑	满　懿	
出版发行	北京燕山出版社	
地　　址	北京市丰台区东铁匠营苇子坑138号C座	
电　　话	010-65240430	
邮　　编	100079	
印　　刷	北京政采印刷服务有限公司	
经　　销	新华书店	
开　　本	170mm×240mm　16 开	
字　　数	279千字	
印　　张	15.5	
版　　次	2022年5月第1版	
印　　次	2022年5月第1次印刷	
定　　价	68.00元	

　　《普通高中英语课程标准（2017年版）》明确提出了立足立德树人的学科育人观："普通高中英语课程具有重要的育人功能，旨在发展学生的语言能力、文化意识、思维品质和学习能力等英语学科核心素养，落实立德树人根本任务。"于是，新一轮中小学英语课程改革全面展开。此次英语课程改革的重要目标之一，就是在课堂教学中落实英语学科核心素养，实现英语学科的育人价值。但在课改初期，大多数教师对核心素养的认知比较模糊，对如何落实英语学科核心素养更是有些茫然。一些教师仍然习惯于对英语知识和技能进行灌输式讲解和机械训练，比较忽视体验式学习，忽略对学生进行文化意识和思维品质的培养，在教学过程中还是习惯零散的单一课时教学，缺乏单元整体教学理念，从而影响了单元整体目标的达成，不利于落实英语学科核心素养。

　　对于单元整体教学，国内外语言学专家学者有过相关的研究，这些研究和实践在提高教学效益和学生学习效果方面起到了良好的作用。但目前对于初中英语单元整体教学策略这一领域的研究尚处于理论和初探阶段，缺乏一线优秀教师基于核心素养下对初中英语单元整体教学进行从理论到实践的系统研究，缺乏基于核心素养下的单元整体教学的典型课例积累和深入剖析，更是缺乏实施核心素养下的单元整体教学的方法、策略和资源。在这样的背景下，重庆市渝中区成功申报了重庆市教育科学"十三五"规划2018年度重点课题"基于核心素养下的初中英语单元整体教学策略的行动研究"，旨在帮助初中英语教师认识单元整体教学对培养学生综合语言运用能力、发展学生核心素养的意义；研究基于核心素养下的单元整体教学的有效策略，提炼出可操作、可借鉴的课堂教学模式，构建从课程标准、教学目标、教学评价、素材资源、活动设计、达标练测一线贯通的单元整体教学资源包，为促进初中英语单元整体教学、落实英语学科核心素养提供有价值的、实实在在的智力支持。

　　在历时三年的研究中，作为课题负责人和渝中名师工作室主持人，笔者带领课题研究组成员和工作室学员这两支初中英语教研核心团队展开扎实而富有成效的理论学习、课题研究、课堂实践和资源建设，为渝中区、重庆市乃至其他省市的初中英语教师奉献了前沿的、有效的、急需的系列研究成果。《基于核心素养的初中英语单元整体教学课堂建构》这本教学专著就是我们三年来展开行动研究的重要成果之一。在这里，我们期待它能为广大初中英语教师开展新一轮课堂教学改革、提升教学质量、提高自身专业水平贡献一份力量。

本书共上下两篇内容。上篇是理论基础，分为五个章内容，第一章理解初中英语单元整体教学，对其理论基础、研究价值、研究现状和概念内涵进行探讨；第二章理解初中英语学科核心素养，对以核心素养为中心的课程改革背景、核心素养的基本内涵和核心素养的课程价值及意义进行阐述；第三章探索核心素养下的初中英语单元教学设计，逐一对单元教学目标设计、课时目标设计和评估任务设计进行探讨；第四章介绍初中英语教、学、评一体化课堂教学实践，特别对教、学、评一体化的实践意义、理论基础、主要内涵和课堂教学实践展开讨论；第五章探索基于核心素养下的初中英语单元整体教学的成效，主要讨论了三个方面的成效，即厘清单元整体教学与英语学科核心素养的内在关联、提炼基于核心素养下的初中英语单元整体教学模式、促进教师正确把握核心素养下课程改革的思想和理念等。上篇内容由本书主编张理英撰写。下篇是渝中区初中英语学科课题组及工作室核心成员开展"基于核心素养下的初中英语单元整体教学策略的行动研究"课例开发的成果，共选取了21个单元教学设计、优秀课例及课例评析，这些单元教学课例集中体现了研究成员的新思想、新理念和新成果，有些课例还获得了全国、市、区级教学设计和优质课比赛的奖励。

本书在编写过程中参阅了许多英语教育专家、学者的研究成果和资料，我们在本书后面列出了主要参考书目，可能还有书目未能一一列出，在此一并表示深深的谢意。

由于笔者水平有限，书中一定有疏漏和不妥之处，敬请读者批评指正。

张理英

2021年7月

目 录
CONTENTS

上篇　理论基础

下篇　单元教学设计与优秀课例

上　篇

理论基础

第一章　理解初中英语单元整体教学

一、单元整体教学的理论基础

整体论（holism）是哲学层次的方法论原则（holistic approach），整体性原则要求全面系统地看待问题，要从整体出发而不是停留在某个侧面。第一次使用"整体论"这个词的哲学家斯马茨（Smutz）说过："即使积累了某部分，也决不能达到整体，因为整体远比部分之和大。"整体不能分割为部分，即使分割了，也总会失去些什么，而这失去的"什么"正是整体之所以成为整体的什么。

整体语言观（whole language approach）强调语言实质上是包括听、说、读、写四个部分在内的不可分割的整体。整体语言理论还指出，人们学习语言的心理特点表现为：为获得感性认识，产生清晰的表象，首先要对学习的对象进行周密地观察，从整体观察入手，然后观察其各个部分以及它们之间的联系，最后在头脑里形成有关学习对象的完整图像。语言教学也应该顺应这个规律，根据这个理论，语言不应该被肢解，而是应把语言作为一个整体来教与学，注重对学习材料进行感知，即先见"森林"，再见"树木"。这样更合乎语言学习的规律。单元整体教学是建立在"整体教学"的理论基础之上的，其心理学基础为格式塔（Gestalt）心理学理论中的"整体观念"。格式塔心理学者认为，学习的基础是知觉。当我们在关注某一个物体时，知觉者的任务就是将感知到的成分进行组合并形成一个连贯的整体（刘华丹，2013）。

建构主义理论也为单元整体教学提供了强有力的理论支撑。建构主义理论认为，人的认知是与经验共同发展的，知识是经验的重组与重新构建，是一种连续不断的心理建构过程，是体验、发现和创造的过程。单元整体教学强调整个单元的内在联系，它很容易激活学生已有的知识，从而促进学生自身知识的"重组"与"构建"，促进新知识和既有知识间的互动、连接、交融与整合。

二、单元整体教学的研究价值

（一）为英语学科核心素养提供技术路径

《普通高中英语课程标准（2017年版）》（以下简称《课标》）明确提出了立足立德树人的学科育人观："普通高中英语课程具有重要的育人功能，旨在发展学生的语言能力、文化意识、思维品质和学习能力等英语学科核心素养，落实立德树人根本任务。"（教育部，2018）而单元是承载主题意义、落实核心素养的基本单位。人教版《Go for it！》初中英语教材都是以单元形式出现的，每个单元以一个话题为核心，单元里的几种课型都围绕其展开，教师需要依据单元目标规划教学行为，以便使学生在完成整个单元的学习后就能对单元话题形成鲜明而完整的认知、理解，从而形成综合语言运用能力，落实英语核心素养。

（二）为初中英语教材的结构化研究提供抓手

从2012年初中英语修订教材《Go for it！》使用以来，教师们在教学观念、教学方法和技术等方面发生了显著的变化。教师从培养学生的英语综合运用能力着眼，夯实语言知识、加大运用力度，在学习语言的过程中加强思维品质和文化意识的培养。然而我们发现，在教学中，许多教师还缺乏整体教学意识，单元教学中各个板块的教学彼此隔离，各自为阵。许多教师"本页""本课"的思想根深蒂固，而"单元""整合"的观念比较淡薄，这样就影响了单元整体目标的达成，以及教学效果的提高，更不利于落实学科核心素养。开展教材结构化研究，即以单元、主题、评价、课型为单位的研究与实践，可以帮助教师从整体上把握教材，整合资源，有效达成单元教学目标。

（三）为开展高质量的校本教研提供载体

在落实《课标》、实施英语教学的过程中，学校日常的教研内容更多的是教学进度表、教师个人教学方案和教学经验积累，校本教研缺乏对课标、教材的深度研究。单元整体教学研究为学校教研组和教师阐释了《课标》、教材在校本化实施过程中的目标、内容、结构与策略，以此提高了校本教研的质量，提升了初中英语课程实施的实际效果。

三、单元整体教学的现状分析

（一）国外研究现状

单元整体教学源于国外整体教学法（Holistic teaching method），起初被用于科学、艺术及阅读教学，后运用于第二语言教学中，对美国、加拿大、新西兰、澳大利亚等英语国家的语言教学也产生了巨大的影响。20世纪70年代，被誉为"全语言之父"的亚利桑那大学的古德曼（Goodman）提出了整体语言教学法（Whole language approach），1986年，古德曼在发表的《整体语言中的整体是什么》一文中阐述了整体语言中的整体内涵。1990年，古德曼与L.B.Bird合作出版了《整体语言全录》（*The Whole Language Catalog*），进一步描述了关于语言、语言学习、语言教学、课程内容和社团学习的系统理论和教育哲理。国外的研究主要侧重理论研究，对"如何进行第二语言的单元整体教学策略"方面的理论与实践相结合的专门研究还很少。

（二）国内研究现状

20世纪80年代中期，我国学者提出了英语课堂整体教学的思路。北京师范大学外文学院的程晓堂教授曾指出：应该把语言作为整体来学习，因为意义和语境有助于学生对语言的感悟，以及培养学生的学习动机和积极性。随着整体教学理论和单元体系的推进，单元整体教学在英语、语文等学科有过一些研究和实验，如《中学英语整体教学的探讨》（方先培）、《高中英语"单元整体教学"的实践和体会》（佘长保）、《英语课文整体教学初探》（李海雷等）。这些研究和实践在提高教学效益和学生学习效果方面起到了良好的作用。但目前对于初中英语单元整体教学策略这一领域的研究尚处于理论和初探阶段，缺乏一线的优秀教师基于核心素养下对初中英语单元整体教学和单元教学中不同课型的教学策略进行从理论到实践的系统研究，缺乏对基于核心素养下的单元整体教学进行持续的、深入的教学案例剖析、典型课例积累以及对于相应的效果进行的科学统计和分析。

（三）渝中区研究现状

在上述背景下，渝中区成功申报了重庆市教育科学"十三五"规划2018年度重点课题"基于核心素养下的初中英语单元整体教学策略的行动研究"，并制定了以下五个研究目标。

（1）了解区域性初中英语单元整体教学中教师教和学生学的现状，厘清单元整体教学与英语学科核心素养的内在关联。

（2）帮助初中英语教师认识单元整体教学对培养学生综合语言运用能力，发展学生核心素养的意义，促进教师加强相关理论的学习和积淀。

（3）研究初中英语单元教学中的听说课、阅读课、写作课和语法复习课四种课型在达成单元总目标中所具有的独特价值，探索不同课型在发展学生英语核心素养中的独特作用，构建从单元整体到局部再到整体的有效教学策略。

（4）研究单元整体教学的原则、路径和有效策略，提炼出可操作、可借鉴的课堂教学模式。

（5）构建从课程标准、教学目标、素材资源、活动设计、达标练测一线贯通的单元整体教学资源包，为初中英语的教与学提供有价值的实实在在的智力支持。

在历时三年的行动研究中，渝中区初中英语教师多角度地合力助推语言技能与核心素养的发展，培养和发展学生从整体上全面把握语篇信息的能力，让素养目标与单元目标、课时目标及教学内容有效配置，使有限的课时产生倍增的效果，促进学生语言综合运用能力的发展，实现学科育人的目的。

四、单元整体教学的界定

（一）单元的界定

单元是特定教学内容的组合，包括语言知识、语言技能、语篇、话题、功能等，也包括教材的自然单元。初中英语学科教学的内容由若干单元组成，这些单元反映出初中英语学科教学的核心内容。在相同的教材册次中，每个单元容量大致相当，具有较强的独立性，但各单元之间又有关联性。

（二）单元整体教学的界定

在本研究中，单元教学是指以教材自然单元为内容进行的整体教学。在一个教材自然单元内，依据课程目标和具体学情，将碎片化的教学内容进行结构化整理，明确单元目标、教学内容，梳理教学材料，设计教学活动，制订评价方案，分配学习时间，在教师的指导下，用恰当的策略学习语言知识，发展听、说、读、看、写的能力，并在此过程中增强文化意识，提升思维品质，发展学习能力。

初中英语学科单元教学有三个原则：一是整体性，即整体解读教材单元，整体设计语言能力、文化意识、思维品质和学习能力在本单元中的具体目标，整体划分课时；二是关联性，即以单元教学目标的确定为核心，评价任务、教学活动、作业设计和资源设计均围绕单元教学目标而展开，并体现出相互之间的关联；三是选择性，即单元教学目标和单元核心任务是相对稳定的，但达成单元教学目标的途径应体现出个性化和选择性，具体体现于课时划分、学习活动、作业设计和资源选择等校本化实施细节中。

（三）初中英语单元整体教学的界定

人教版七至九年级英语教材《Go for it! 》均由若干个单元组成，每个单元都是围绕一个主题而展开。初中英语单元整体教学是指以教材自然单元为教学内容，围绕教材单元所提供的主题语境，探究单元主题意义，关联学生现有的生活经验和语言水平，以此确定单元教学的重难点，制订指向核心素养发展的单元教学目标，分解单元重难点，合理安排各个课时的教学内容；制订精准的课时目标，并基于课时目标确定评价任务和课内外学习资源，整体创设具有综合性、关联性和实践性的英语学习活动，引导学生通过学习活动掌握语言知识，发展语言技能，提升学用能力；通过单元教学设计和课堂实施，最终落地英语学科核心素养，实现学科育人价值的一种教学模式。

第二章　理解初中英语学科核心素养

当前，我们身处的是高速发展的时代，无论是社会生活领域，还是教育领域，新现象、新挑战层出不穷。在这样的时代大背景下，需要学生学会什么，养成什么样的品质，才能满足个人的健全发展，促进国家与社会的全面进步呢？当今，许多国家与地区都以核心素养为中心启动教育改革，期望在核心素养的统领下完善各自的教育体系。那么，我国以核心素养为中心的课程改革何以提出？核心素养的基本内涵是什么？又有怎样的课程角色与意义呢？

一、以核心素养为中心的课程改革背景

核心素养是在双基目标、三维目标取向的基础上发展而来的（崔允漷，2015）。在1978年至2001年期间，我国的教育培养目标主要定位于培养学生的基础知识与基本技能，这段时期可称之为"双基时代"。提倡双基有其特殊性，当时社会各行各业正处于百废待兴之际，急需大量拥有熟练技术的工人与其他人员。应该说，在那样的时代背景下，强调基础知识与基本技能有其必然性与合理性，但从教育本身来说，仅仅关注双基显然是不够的，它遮蔽了人在教育中的核心地位，容易产生"见物不见人"的不良后果。于是，教育部在2001年启动了第八次课程改革。本次改革的培养目标大大超越了基础知识与基本技能，把学生置于社会、自然、个体生活的大框架中来思考要培育什么样的人。而作为本次改革的标志性文本，课程标准更是旗帜鲜明地提出由知识与技能、过程与方法、情感态度与价值观组成的课程目标。这种三维目标实际上关注了学生作为人的素质，把目标作为一个整体来对待，极大地扩展了人们对培养目标的认识。但客观地说，这样的培养目标未能描述出清晰全面的学生形象，没有明确三维目标的实质内涵——培养什么样的人。这样的追问毋庸置疑地带有时代色

彩。在急剧变化的时代，为了社会与个体的健全发展，每个个体必须具备共同的关键素养。这种共同的关键素养是最低的共同要求，是个体不可或缺的核心能力。2014年3月，我国教育部正式印发《教育部关于全面深化课程改革落实立德树人根本任务的意见》，提出未来教育改革要将"立德树人"的要求落到实处，充分发挥课程在人才培养中的核心作用，指出要研究制定学生发展核心素养体系和学业质量标准（申继亮，2015）。2016年9月公布的《中国学生发展核心素养》明确指出，核心素养主要指的是学生应具备的、能够适应终身发展与社会发展需要的必备品格和关键能力，其内容包括六大类素养：人文底蕴、科学精神、学会学习、健康生活、责任担当、实践创新（核心素养研究课题组，2016）。有别于基础知识与基本技能，核心素养是人们通过学习而得的知识、技能、态度的综合体；也有别于三维目标，核心素养凸显了基础教育要培养的学生的具体形象。至此，我国迎来基于中国学生发展核心素养的教育时代。

二、核心素养的基本内涵

什么是核心素养？核心素养的英文单词是"key competencies"。"key"可以用作名词，意指开门的钥匙，可隐喻为形容词"关键的、重要的、必要的"，这和中文"核心"的内涵接近，为我们所熟悉，也易于理解；"competencies"的意思是"素养"，需做更加深入的理解。

（一）什么是素养

素养包括知识、技能、情意等因素，即素养包含必要的知识、技能、情意，它们是解决问题的个体内在资源。学生除获取知识与技能外，还须培养自主、自发、自我导向，以及自我学习与行动、责任与态度、动机与价值观。

素养概念强调表现，体现为特定情境中个体解决问题的行动。解决实际问题或完成任务是素养的外在表现，这些个体行动乃发生于情境之中。换言之，素养是通过个体在具体问题情境下，综合利用自身内在资源与外在资源解决具体问题来体现的。

素养是个体后续发展的基础，其服务社会发展与个体幸福生活。研拟素养导向教育标准的一个重要目的是培养富有竞争力的公民，并促使个体走向成功生活。之所以能达成如此目的，是因为素养为个体后续发展提供了可能性（邵朝友，2019）。

（二）什么是核心素养

作为素养的下位概念，核心素养自然具备素养具有的所有特质，但更具有自身特有的内涵。

1. 核心素养是关键、重要、必要的素养

在理想情况下，学生需要具备各种各样的素养，但学生在校学习时间有限，核心素养数量显然是有限的。以"中国学生发展核心素养"为例，它实质指向三大方面，概括出六大核心素养，以及相关的十八个基本要点。从表1-2-1可以看出，这些素养都是学生终身发展所需要的。

表1-2-1　中国学生发展核心素养

三大方面	六大核心素养	十八个基本要点
文化基础	人文底蕴	人文积淀、人文情怀、审美情趣
	科学精神	理性思维、批判质疑、勇于探究
自主发展	学会学习	乐学善学、勤于反思、信息意识
	健康生活	珍爱生命、健全人格、自我管理
社会参与	责任担当	生活责任、国家认同、国际理解
	实践创新	劳动意识、问题解决、技术运用

这些关键、重要、必要的素养在数量上较少，但包含的内容很广。从表1-2-2所谓的OECD确定的核心素养来看，似乎只有三大核心素养及其九个相关子项，但这些素养具有高度概括性，是种类概念，内涵极其丰富。

表1-2-2　OECD核心素养及能力指标

核心素养类别	能力指标	列举的行为
互动地使用工具	1-A 互动地运用语言、符号与文本的能力 1-B 互动地运用知识与信息的能力 1-C 互动地运用技术的能力	以"1-B互动地运用知识与信息的能力"为例，它要求个体： 1. 识别和确定不懂什么。 2. 鉴别、定位与接入合适的信息源（包括电脑中汇编的知识与信息）。 3. 评价该信息及其来源的质量与价值。 4. 组织知识与信息。
与异质团队互动	2-A 与他人和谐相处的能力 2-B 合作能力 2-C 管理与解决冲突的能力	
自主行动	3-A 处在更大的情境中的行为能力 3-B 制订和执行生活计划、个人项目的能力 3-C 维护权利、利益、界限与需求的能力	

2. 核心素养是知识、技能和情感的整合性素养

核心素养要求学生具有关键能力和必备品格。这样的素养具有很强的概括性，包含了内在心理特质与外在行为表现，但它们之间不是相互割裂的，而是相互关联，体现于真实的情境之中。这与传统的知识与技能有所不同，因为单一的知识或技能往往是零散的、缺乏情境的。相反，核心素养往往体现于真实问题的解决过程之中。

换言之，核心素养不只是单一的知识、技能或情感，而是包含知识、技能与情感态度价值观的综合体。例如，表1-2-1的中国学生发展核心素养和表1-2-2的OECD核心素养及能力指标明显超越了知识、技能和情感，它们体现出一个国际共识：在当今这个快速发展的社会，光靠知识累积和技能训练已不足以帮助个人应对严峻的挑战。个人必须拥有必备的综合素养，才能处理复杂的心智任务，满足真实情境的要求。

3. 核心素养是可培养、可评价的

核心素养并非学生先天就具有的，相反，它是借助教学、社会、动机的刺激，通过后天的培养与发展而习得的。从教育的观点来看，核心素养是指一个人接受教育后的状态，或者说是一种教养。这样的教养包含知识、技能与情感态度，具有内在的结构，这使得教学具有了指向性。这样的教养可以通过各门课程教学使学生习得相关的核心素养，进而为学习后续新的素养夯实基础。

另外，核心素养还是可测评的。例如OECD主持的国际学生评估项目（Program for International Student Assessment，PISA）就是一种素养取向的评价行动，旨在考查学生解决问题的基本素养。确实，核心素养的许多内涵可能无法直接测量，但我们可以通过真实生活情境中个体的实际表现行动间接推断。我们可运用适当的评价工具与方法（例如表现性评价）来评价学生核心素养的发展水平（邵朝友，2019）。

（三）什么是英语学科核心素养

新颁布的高中各学科课程标准聚焦学科核心素养，各学科核心素养皆意味着学生通过某学科的学习而形成的正确价值观念、必备品格和关键能力，均指向学生的健康成长，是学科育人价值的集中体现。《课标》指出：普通高中英语课程具有重要的育人功能，旨在发展学生的语言能力、文化意识、思维品质和学习能力等英语学科核心素养，落实立德树人根本任务。实施普通高中英语课程应以德育为魂、能力为重、基础为先、创新为上，注重在发展学生英语语言运用能力的过程中，帮助他们学习、理解和鉴赏中外优秀文化，培育中国情怀，坚定文化自信，拓展国际视野，增进国际理解，逐步提升跨文化沟通能力、思辨能力、学习能力和创新能力，形成正确的世界观、人生观和价值观。英语学科核心素养主要包括语言能力、文化意识、思维品质和学习能力。那么，构成英语学科核心素养四个要素的主要内涵是什么呢？

1. 语言能力

语言能力是指在社会情境中，以听、说、读、看、写等方式理解和表达意思的能力，以及在学习和使用语言的过程中形成的语言意识和语感。英语语言能力构成英语学科核心素养的基础要素。英语语言能力的提高有助于文化意识、思维品质和学习能力的提升，以及帮助学生拓展国际视野和思维方式，开展跨文化交流。

2. 文化意识

文化意识是指对中外文化的理解和对优秀文化的认同，是学生在全球化背景下表现出的跨文化认知、态度和行为取向。文化意识体现了英语学科核心素养的价值取向。文化意识的培育有助于学生增强国家认同和家国情怀，坚定文化自信，树立人类命运共同体意识，学会做人做事，从而成长为有文明素养和社会责任感的人。

3. 思维品质

思维品质是指思维在逻辑性、批判性、创新性等方面所表现出的能力和水平。思维品质体现了英语学科核心素养的心智特征。思维品质的发展有助于提升学生分析和解决问题的能力，使他们能够从跨文化视角观察和认识世界，从而对事物做出正确的价值判断。

4. 学习能力

学习能力是指学生积极运用和主动调适英语学习策略、拓宽英语学习渠道、努力提升英语学习效率的意识和能力。学习能力是构成英语学科核心素养的发展条件。学习能力的培养有助于学生做好英语学习的自我管理，养成良好的学习习惯，提高学习效率（教育部，2017）。

三、核心素养的课程价值及意义

核心素养的角色定位在课程设计中具有举足轻重的作用，它是深化课程改革、落实立德树人根本任务的基础。但反思当前核心素养的课程角色，还存在诸多问题。比如，仅把核心素养作为教育目的或意图，没有呈现后续课程、教学与评价方面的一致性努力；只要求核心素养与学科领域建立关联，没有揭示出核心素养与学科内容的内在关系；只强调教师在课堂教学层面落实核心素养的目标或指标，没有中间层面的课程标准与评价标准。下面我们来分析核心素养在课程设计中的角色定位及其价值意义。

（一）核心素养在课程中的角色定位

要真正落实核心素养，就需要解决课程角色错位的问题，确定核心素养在课程设计中的地位，摆正核心素养与学科内容的关系。核心素养具有以下多重课程角色：

1. 核心素养是可实现的教育目标

核心素养不仅是课程发展的目的，还是可实现的教育目标。当前，许多国家和地区在构建核心素养时都采取实在主义（realism）的取向，即把核心素养作为可把握的实体，各门课程可依托它来设计课程标准，教师再依据课程标准开展教学与评价（崔允漷，2016）。如果核心素养是不可把握的，那么核心素养就是"上浮"的，难以介入或渗透到各门课程之中。

在很大程度上，这种实体性指向的是一种"问题解决"能力。要使得"问题解决"可评可测，必须给出其操作性定义。以PISA 2003为例，它将"问题解决"定义为"个体利用认知能力去处理和解决真实的、跨学科的情境和问题，这时解决方案不是显而易见的，所涉及的内容或学科知识也未必限制于单一学科领域内"。PISA 2012将"问题解决"定义为"需要个体进行认知处理，理解并解决那些解决方法不是显而易见的情境问题，包括主动介入这种情境以达成个人作为建设性、善反思公民的潜质的意愿"。PISA 2015则提出了"协作问题解决"，并将其定义为"个体有效介入不少于两个个体同时尝试的通过分享对问题的理解和努力形成一种解决方案的能力，这种解决方案融合了他们共同的知识、技能和努力"。PISA对"问题解决"操作性定义的变化实际上为课程目标及评价提供了可观察、可测量的内容。

但由于核心素养是随着国际发展的形势与要求的变化而发生变化，它并不是固定的、一成不变的。因此，许多国家和地区在研拟核心素养时还采取了实用主义（pragmatism），采取实用主义实质上是从动态的角度看待核心素养，随着时代的变化，其目标自然就发生了改变。

2. 核心素养是课程目标设计的源泉

培育学生的核心素养离不开具体的学科课程，于是核心素养就成为这些课程设置目标的来源。一些国家或地区把核心素养分解至不同的教育阶段，以便为之提供相应的目标要求，并据此在每个阶段发展课程。例如，我国台湾地区就在小学教育、初中教育、高级中等学校教育三个阶段设定了不同的核心素养要求，各学科都可依其独特性、理念与目标，结合自身所处阶段的核心素养发展出相应的学科核心素养。由此可见，核心素养可以促成各学科课程发展的统整性与连贯性，进而建构各教育阶段课程的连贯体系。从逻辑上讲，这种来源存在如下三种关系：第一，分离关系，即通常所说的"两张皮"，或者说核心素养是上浮的，"高高挂起，但未落下"。第二，交集关系，即核心素养与课程目标存在着部分交集。第三，包含关系，其中又有两种情况：如果核心素养过于抽象，那么核心素养包含了课程目标；相反，如果核心素养过于具体，停留在知识、技能或一般能力层面，课程目标就有可能包含或等同核心素养。从课程目标的系统建构来说，核心素养与课程目标的外延应该是相当的，只是在抽象程度上不一样，核心素养相对抽象，而课程目标是用学科的话语陈述核心素养，相对具体一些。就一门课程而言，核心素养与该门课程目标在逻辑上存在两种对应关系：全部对应和部分对应。

但需要注意两点：一是核心素养各个维度不能做过多的分解，它们需要整体被课程设计者和实施者所理解，以避免产生零碎的目标或结果。就实际而言，不同学年或学期对核心素养某个维度的描述会有所差异，但这种差异乃基于该核心素养维度内容的不断复杂化，而不是分解它之后通过教学得到的累加结果的差异；二是除了通过一门学科内部整合来落实核心素养，还可以通过不同学科之间的整合甚至超越学科边界来落实核心素养。

3. 核心素养是内容选取与教学实践的领航器

在确定了课程目标之后，接下来的课程发展环节就是选择与组织课程内容，并把教学方案付诸实践。这里的"课程内容"通常就是指学科知识、技能与态度等。选择什么样的知识、技能与态度，如何组织这些内容以促进学生的学习，在这一过程中，核心素养就如同领航员，不断监测着教学进程的方向。学科内容中的知识与技能既不是课程发展的起点，也不是终点。而作为课程发展的起点或终点，核心素养把持着知识与技能能否进入课程现场的"入口关"，监控知识与技能的作用方向，确保其育人功能的实现即核心素养的养成。

当然，在这一过程中，知识与技能发挥着核心素养培育载体的功能，而核心素养的养成又推动了知识与技能的落实。在很大程度上，特定的知识与技能的习得也是核心素养在某种程度或水平上的具体体现。可以说，核心素养和学科知识与技能既各自扮演不同角色，又形成互为手段和目的的复杂关系。

4. 核心素养是学习质量评价的推动因子

学生学习质量是课程实施质量的最终体现。在传统上，评价基本上被用于判断学生到底掌握了多少学科内容，而指向核心素养课程发展要求评价还应聚焦学生在多大程度上掌握了一种或几种核心素养。显然，这将会改变评价类型和形式的选择，也是推进指向核心素养的课程变革的最大挑战。与此同时，面向学生、家长的学业成就报告也将随之发生变化。报告将不仅聚焦学科或学习领域，而且需要描述出核心素养的发展情况。这些都可以通过学生档案袋评价等质性的评价方式进行，从而展示学生在正式与非正式学习情境下的核心素养发展情况。

（二）核心素养的课程价值及意义

以上核心素养的四个角色定位意味着课程设计的巨大转变，从根本上解决了长期困扰课程领域的众多问题。那么，核心素养对课程设计与教学实践有哪些重要的价值和意义呢？

1. 建构课程育人的目标体系

在课程目标层面，最突出的问题是作为理想的教育目的被"高高挂起"，一到课程教学层面就成了"轻轻放下"，知识与技能目标横行天下（邵朝友，2019）。其原因主要是没有形成以核心素养为统率的目标体系。核心素养更具有内在性和终极性的意义。核心素养完全属于人，是人内在的秉性；核心素养使人成其为人，决定人的发展方向。教育的终极任务就是提升人的素养。核心素养让我们真正从人的角度来思考教育、定位教育，从而更深刻地体现出以人为本的思想。这些价值并非空中楼阁，而是依托实实在在的课程行动。以学科课程为例，学科核心素养的构建源于核心素养，它既是一门学科对人的核心素养发展的独特贡献和作用，又是一门学科独特教育价值在学生身上的体现和落实。通过厘清学科核心素养的内涵，清晰地界定和描述该学科对人的发展的价值和意义，体现该学科对学生成长的独特贡献，从而使学科教育真正回到服务于人的发展的方向和轨道上来。对于个体而言，学科核心素养是为了满足学生今后学习、工作和生活的需要；对于社会而言，学科核心素养是为了满足社会健康发展和持续进步的需要。正是所有这些包括学科在内的各种课程"使人视野开阔、兴趣广泛；使人产生对知识和真理的渴望，并且能够形成一种崭新的思维方法，最终成为一个文明的人，有教养的人，有健全人格的人"（王开东，2011）。从核心素养到学科核心素养、课程标准，再到单元、课时目标，构成了完整的课程目标层级体系，形成了课程育人的合力系统。

2. 促进教师核心素养下课程实施能力的发展

如果教师不能基于学科核心素养梳理符合学科逻辑的学科知识结构、合理的认知结构，并在此基础上精心设计单元学习目标和基本问题，那么他将很难把握教学内容的本质与关键，难以满足学生学科核心素养发展的需求。核心素养下的课程设计着重在促使学生完成单元学习之后，获得学科核心素养，包括能灵活应用知识、技能、策略，能反映学科本质及思想的方法，解决问题的综合能力，以及经历一定困难之后获得成功的愉悦心理感受，还有对学科的好奇和期待。在课程设计时，首先，教师需要以课程标准为导向确定单元学习目标及需要讨论的基本问题。核心素养下的单元教学目标要考虑课程标准要求、单元学习主题与核心内容、单元所承载的学科核心素养进阶发展的要求以及学生的学习基础和发展需求。单元教学中需要讨论的基本问题则是在学科或课程中处于核心位置、能促进学生深入思考和探究的总结性概括问题或单元的主题性问题。其次，教师还需要思考教学内容的知识层级结构，要考虑学科的逻辑框架，将相关学习内容联结为一个整体，便于学生把握教学内容的整体性，并作为学生学习的终点。同时，教师需要遵循学生的认知规律和认知水平，以学习逻辑的视角设计学生的学习环节，用学生易懂、易会的方式来完成学科知识的建构过程。上述新课标下的课堂教学要求极大地促进了教师加强专业学习，有效地提高了自身的课程设计与实施的素养。

3. 推动素养导向的考试评价改革

考试评价是通过一定的方法或手段，根据一定的教育价值观或课程目标，对教学的要素、过程和结果进行价值判断，从而为不断完善教学决策提供依据的过程。评价作为教学活动中不可或缺的一部分，不仅具有诊断和反馈功能、激励和强化功能、评定和选拔功能，而且具有导向功能。有人说，考试像一支神奇的"指挥棒"，教师和学生始终朝着考试的指向去努力；考试内容、考试重点、试题结构、试题形式等都对教学起着十分重要的导向作用。

学业质量标准是结合学科课程内容的学习，对学生应具备的各种学科核心素养要素以及在这些素养要素下应达到的具体水平的明确界定和描述。简而言之，学业质量标准就是学科核心素养的内容化、模块化、具体化、可测化。只有建立以学科核心素养为导向的考试评价体系，学科核心素养才能真正落地。2018年初，教育部颁布的《普通高中英语课程标准（2017年版）》指出：学业质量是学生在完成本学科课程学习后的学业成就表现。学业质量标准是以本学科核心素养及表现水平为主要维度，结合课程内容，对学生学业成就表现的总体刻画。依据不同水平学业成就表现的关键特征，学业质量标准明确将学业质量划分为不同水平，并描述了不同水平学习结果的具体表现。高中英语学业质量以学生在语言能力、文化意识、思维品质和学习能力等方面的核心素养为基础，结合高中英语课程的内容以及高中学生英语学习的进阶情况，重点描述了高中学生在特定问题情境中运用英语解决问题的能力和表现。高中英语学业质量设置三个水平，这三个水平是根据问题情境本身的复杂程度，问题情境对相关知识、技能、思维品质的要求，以及问题情境涉及的情感态度和价值观念等进行划分的。每一级水平主要表现为学生在不同复杂程度的情境中，运用知识、技能以及各种重要概念、方法和观念解决问题的关键特征。核心素养下的考试评价引导师生由注重基础知识的掌握和应用向注重能力与素养的培育演变，教学评价作为英语课程的一部分，是课程目标落实的具体体现，其考查内容的演变受课程目标变化的影响，而课程目标的变化则反映了英语学科功能和教育价值的延续与深化。

（三）核心素养对初中英语教育的指向作用

高中英语新课标明确提出了立足立德树人的学科育人观："普通高中英语课程具有重要的育人功能，旨在发展学生的语言能力、文化意识、思维品质和学习能力等英语学科核心素养，落实立德树人根本任务。"在此基础上，高中英语新课标将英语课程的总目标确立为"全面贯彻党的教育方针，培育和践行社会主义核心价值观，落实立德树人根本任务，在义务教育的基础上，进一步促进学生英语学科核心素养的发展，培养具有中国情怀、国际视野和跨文化沟通能力的社会主义建设者和接班人"（教育部，2018）。

与《义务教育英语课程标准（2011年版）》所提出的"通过英语学习使学生形成初步的综合语言运用能力，促进心智发展，提高综合人文素养。综合语言运用能力的形成建立在语言技能、语言知识、情感态度、学习策略和文化意识等诸方面整体发展的基础之上"（教育部，2010）。相比，高中新课标将学科育人的立足点、出发点和终结点牢牢根植于立德树人根本任务的教育思想，强调综合发展学生的价值观念、道德品格、学科素养和成事能力。所提出的"培养具有中国情怀、国际视野和跨文化沟通能力的社会主义建设者和接班人"的总目标涵盖了情怀、视野和能力三方面的培养。以核心素养为标志的新课标为初中英语教育改革提供了方向引领和路径支持，对全面提高初中英语学科教育教学质量具有深远意义。

第三章　核心素养下的初中英语单元教学设计

随着嵌入核心素养的普通高中课程标准的制定与实施，教学目标已从"三维目标"提升为学科核心素养，指向学科核心素养的教学将成为新常态，而实施学科核心素养的教学必然先要进行指向学科核心素养的教学设计。单元是英语课堂教学的基本单位，也是落实英语学科核心素养的基本单位。单元是由素养目标、课时、情境、任务、知识点等要素组成的，并将这些要素按某些需求和规范组织起来而形成一个有结构的整体（崔允漷，2019）。开展单元整体教学设计是落地英语学科核心素养的有效途径。

一、核心素养下的单元教学目标设计

围绕学科核心素养重建课堂教学是当前全面深化英语课程改革的重头戏。从有效教学必须回答的三个基本问题——"第一，你把学生带到哪里（目标）？第二，你怎样把学生带到那里？第三，如何确信你已经把学生带到那里？"可见，教学目标是教学的起点和归宿，规定教与学的进程与方向，引领教学的全过程，其重要性不言自明。单元目标设计是单元教学设计的首要环节，也是单元课堂教学的出发点和归宿，直接影响英语课堂教学的方向、过程和效果。指向英语学科素养的单元教学设计应从单元教学目标的设计开始。在实际教学过程中，一些英语教师对核心素养下单元教学目标的认识不够充分或不够全面，缺少单元教学目标整体设计意识，导致单元教学目标设计不够科学、合理，所设计的单元教学目标难以发挥其在单元教学中的导教、导学和导评的作用。如何设计基于核心素养的单元教学目标成为目前初中英语教师面临的新问题。

（一）单元教学目标设计的常见问题

1. 目标缺乏整体规划

英语单元教学目标设计应按照课程标准中的相应要求，从发展英语学科核心素养的角度进行整体规划。单元的力量在于整体功能大于部分内容之和（鲍里奇，2002）。然而在实际教学中，有些教师只知道一节课需要教学哪些内容、达成什么目标，并不清楚学生在完成整个单元的学习任务之后能达成什么目标，忽视了单元教学的整体效果。有些教师认为，单元教学目标就是不同课时教学目标的累加，仅从单个课时的视角出发，根据不同板块各自的细节、语言点、内容、结构等设计教学目标，人为地割裂了各板块之间的联系，导致单元目标出现碎片化、孤立化现象。有些教师甚至从词汇、语法等单个板块进行目标设计，把单元教学目标变成单元不同板块目标的累加，阻碍了学生完整的知识结构体系的建构和听、说、读、看、写的整合发展。

在课时目标的制定上，大多数教师也很少思考教学目标叙写的精准性，有的教师甚至从他人教案上拷贝或模仿。这些都导致教学目标设计中的"割裂零散""机械移植""名不副实""顾此失彼"等问题屡见不鲜，直接影响了课程目标的有效达成。《课标》构建了全面发展学生英语学科核心素养的课程目标体系。如何将学科核心素养目标落实到每一节课的教学中，必须解决教学目标如何科学研拟并准确表达的问题。

2. 目标内容不全面

单元教学最重要的目标是要使学生形成对语言、文化、思维和学习能力等内容的整体认知，在探究主题意义的过程中达到语言能力、文化意识、思维品质和学习能力的综合发展。英语教学要尽量围绕主题和语境设计教学目标（程晓堂，2021）。然而，有些教师未能考虑到主题语境下单元教学的多维目标，往往把单元教学目标窄化为单元语言知识学习这一基础性目标，忽略了学生思维的发展、文化意识的培养和情感态度的建立，割裂了知识与能力、能力与素养之间的有机统一，导致部分核心素养目标缺失。虽然有些教师能意识到培养学生核心素养的重要性，但在设计单元目标时主要关注学生语言能力的提升，其他方面的目标往往是一种点缀。比如，有教师为人教版《Go For It! 》九年级的"Unit 1 How can we become good learners？"设计了如下单元教学目标。

（1）能正确使用by+doing表达各种学习的方式。

（2）能正确使用以下和学习话题相关的词汇：aloud，pronunciation…。

（3）熟练掌握下列短语：work with friends…。

（4）通过谈论本单元话题"如何学习"，真实地交流分享实用有效的学习方法，从而改进自身各科的学习方法。

（5）学习、了解一些肢体语言的重要性和用法，理解文化差异，培养文化意识。

以上目标主要包括理解课文和掌握相关词汇、句式，谈论学习方法并相互交流，了解一些肢体语言的用法，理解文化差异，这些目标主要是以语用功能和知识结构为依托进行设计，忽视了思维品质、学习能力等目标内容。目标（5）中提到了"理解文化差异，培养文化意识"，但并没有提及运用相关跨文化交际策略，以及尊重、理解肢体语言在不同文化中的多样性，所以该目标难以落实和评估。

3. 目标逻辑关系错位

学科核心素养目标主要体现在学生在知识、能力、品格等方面发生的变化和发展。单元承载着学科核心素养的进阶发展，单元教学目标设计必须在分析学生已有英语水平、现阶段思维特点和发展需求的基础上，基于核心素养目标说明学生的变化，即学生在单元学习过程中核心素养的发展水平（刘月霞、郭华，2018）。不同单元之间，教学目标要体现进阶发展；每个单元之内的教学目标也应该体现进阶发展。由此可见，单元之内的教学目标应该具有层次性，且应有清晰的逻辑关系。然而，有些单元教学目标不能体现学生在完成单元学习之后应该获得的从学习理解到应用实践再到迁移创新这一由浅入深、从低阶思维向高阶思维发展的学习结果。有些单元目标之间缺乏必要的逻辑联系，相邻条目跨越过大，上一条目标内容不能成为下一条目标内容的发展前提，下一条目标内容不能承接上一条目标内容的学习结果。还有一些单元目标内容层次顺序错位，如将思维品质、文化意识的学习目标置于语言知识、学习能力等目标之前，忽视了语言知识、学习能力的基础作用。

4. 单元目标之间缺乏关联

单元教学目标中含有知识、技能、策略、情感态度等不同内容。同一主题语境下的知识、技能、策略、情感态度有着密切的内在联系。然而有些单元教学目标中的内容间缺乏内在的主题一致性，目标之间相互脱节，不能彼此呼应。学习策略目标不能有效帮助学生实现学习知识目标，学习知识目标也与情感态度目标缺乏关联。比如，某教师设计了如下教学目标："了解有关食物的名称和种类，准确表达食物的数量，并养成健康饮食的习惯。"然而，学生"了解有关食物的名称和种类，准确表达食物的数量"并不意味着能够"养成健康饮食的习惯"。

有些目标设计忽视了知识目标与技能目标的关联，以及在语言知识的学习中发展语言技能，在技能训练活动中运用语言知识，导致语言知识目标和技能目标不能相互渗透、协调发展。比如，针对主题为Robots的单元，一位教师设计的目标如下：①了解有关机器人现状的信息，掌握机器人分类的知识；②学会正确进行口语交际和书信写作，培养维权意识。以上列举的两个目标分别针对有关机器人的语言知识的学习和语言技能的掌握而制定，却忽略了知识的学习和巩固需要在恰当的技能活动中进行，听、说、读、看、写技能活动的开展也离不开语言知识这一重要基础；也忽略了知识和技能之间相互影响、相互促进的关系，以及目标彼此的关联。

（二）单元教学目标设计的改进措施

单元教学设计是为实施学科课程而以一个单元为整体进行一种系统化、科学化的教学设计。在单元教学设计中，目标设计应基于英语学科核心素养，凸显单元目标的整体性、递进性、关联性等。针对目前单元教学目标设计中存在的突出问题，我们提出以下相应的改进建议。

1. 基于核心素养四个维度，整体设计单元教学目标

单元教学目标是对一个单元学习结果的整体描述，即此单元要解决什么问题，期望学生学会什么。其具有整体概括性。"整体"意味着教师在设计单元教学目标时应先整体分析单元学习主题和核心内容，梳理单元教材内容的内在结构和逻辑联系，结合课程标准对所在学习阶段的要求，提炼出符合学生学情的单元教学目标。

学生学习英语不仅要学习英语语言知识，发展语言技能，还要学习其他方面的知识与能力，如教材中围绕单元主题的内容知识，以及学生对这些主题知识的认识、态度和具体做事的能力（程晓堂，2021）。初中英语单元教学目标指向的是学生在完成单元学习之后能获得体现学科核心素养发展的学习结果，

学生语言能力、文化意识、思维品质、学习能力四个核心素养维度的共同发展构成了单元教学目标的内容。

比如，人教版《英语》八年级下册的第七单元，主题语境是人与自然，单元话题Facts about the world属于自然生态主题群下的人与环境、人与动植物主题，通过口头和书面语篇介绍了中国以及世界地理知识和动物知识。教师对单元教材进行了整体分析，并结合八年级学生两极分化较为严重的学情，设计了基于核心素养框架下，体现整体性、关联性、层次性的单元教学目标。

（1）语言能力目标。通过听、读、看等方式，学生能够了解一些中国以及世界地理和自然知识；能够听懂有关地理和自然的话题；能够运用比较级和最高级谈论地理和自然之最，能够用书面的方式介绍濒危动物并提出保护建议。

（2）文化意识目标。通过听、读关于长城的介绍、登山爱好者登珠穆朗玛峰的故事、大熊猫的报道等语篇内容，学生能够领略自然之美和之最，热爱大自然；能够领悟人类克服困难、挑战极限的精神；能够珍惜和保护濒危动物。

（3）思维品质目标。通过学习本单元的内容，学生能够形成对比归类的学习方法，能够学会分析问题并有条理地对问题提出建议。

（4）学习能力目标。能够通过观察帮助自己归纳语法规则，运用快速扫读获取文章关键信息，运用思维导图提炼文中信息，为解决自然环境问题找到指引方向。

本单元教学目标体现了对学生核心素养的培养。基于语言能力的发展，目标（1）通过听、读、看等方式获得语篇的主要信息和写作意图，辨识语篇的文本特征和整体结构，表达个人见解和情感，探究单元主题意义。目标（2）聚焦文化意识培养，学生通过对多模态语篇的学习，潜移默化地去领悟大自然之美，人类应该与大自然和谐相处，珍惜和保护濒危动物；同时，也会感叹人类克服困难、挑战极限的勇气。在目标（3）中，学生的逻辑性思维能力和批判性思维能力得到充分的发展。目标（4）立足学习能力提升，学生通过感知、体验、观察等尝试自己归纳语法规则，运用思维导图提炼文中关键信息，从而有针对性地为解决自然环境问题提出合理化建议。虽然四个目标各有侧重，但它们又作为一个整体，相互交融，通过单元教学全面培育学生的英语学科核心素养。

2. 注重单元目标之间的逻辑性和层次性

单元教学目标的设计应该由浅入深、由低到高。教学目标要符合学生学习的认知规律，既要考虑单元学习过程的进阶以及单元学习完成之后的进阶终端，又要考虑学生课前的认知情况、生活经验和需求差异性等单元学习前学生的进阶始端，体现循序渐进的发展过程。同时，语言知识和语言技能等学习目标应成为语言运用目标的基础，并与其他能力目标之间构成逻辑上的互相关联，体现学生学习能力的进阶发展性（魏惠，2021）。

比如，人教版《英语》（Go for it!）七年级下册的第十二单元，主题语境是人与自我，单元话题Weekend Activities属于"生活与学习"主题群下的"个人、家庭、社区及学校生活"子主题。本单元以周末活动为主线，功能是运用一般过去式谈论刚刚过去的一些常见周末活动，是一般过去时态在听、说、读、看、写方面的综合运用。基于对单元教材的梳理和分析，本单元的主题意义是培养学生树立规划个人周末生活的观念，度过健康而有意义的周末生活。据此，本单元教学目标设计如下：

通过本单元的学习，学生能够达到以下目标：

（1）借助看图片、查字典、上下语境等学习和梳理与活动有关的词汇和短语，结合周六、周日及早、中、晚的时间表达，描述不同时间的周末活动；在语境中使用一般过去时态的特殊疑问句，询问周末活动的相关信息。

（2）通过提问与回答、"S.T.O.R.Y"思维导图、小组合作等方式提取故事类文本的基本要素，梳理周末在印度遭遇蛇这个故事的起因、经过和结果；能够用口头和书面的方式介绍和评价周末生活。

（3）通过听、读周末活动的语篇内容，了解国外学生的周末生活，感知中外学生周末生活的差异；通过阅读在印度遭遇蛇的故事，初步了解印度的蛇文化，感知不同国家的文化差异。

（4）对故事进行预测、识别、理解、分析和归纳，提取和梳理事实类信息，联系个人生活进行评价与反思。

（5）运用与"周末生活"话题相关的重点单词、词块与句子，建立"周末生活"话题语料库；根据标题和插图预测学习内容，运用"S.T.O.R.Y"思维导图梳理故事类文本的语篇脉络。

在本单元教学目标中，梳理、获取语篇的基本信息是知识理解型认知目标；提取、区分和使用语篇信息是应用分析型认知目标；联系个人生活分析、评价周末活动，运用思维导图梳理故事类文本的语篇脉络是综合评价型认知目标。教学目标内容不断深入、层层递进，体现了学生的认知发展从低阶思维走向高阶思维的过程。同时，目标（5）的综合产出型语言运用目标的达成以目标（1）（2）（3）（4）中与本单元主题相关的词汇、语法、语篇等知识为基础，目标内容之间的逻辑层次严密。

3. 单元教学目标的内容应相互关联协调

每个单元的教学内容都围绕同一主题展开。在同一单元中，虽然语言知识、文化知识、语言技能和学习策略的侧重点随着不同课时的内容调整而不尽相同，但在单元教学目标设计中，它们都指向某一主题下学生能力的发展。单元目标中的语言知识、语言技能、语言运用等目标应互相关联、协调共存。

比如人教版《英语》九年级（Go for it! ）第一单元，话题是学会学习，功能是谈论如何学习Talk about how to learn，教材从通过回顾学习备考的方法为引导，展开语言认知学习，逐步过渡到回顾英语学习的经历，总结英语学习方法，逐步提升至对学习产生积极作用因素的认识，同时对语言知识加以巩固和运用，并以此线索贯穿整个单元Section A和Section B的学习内容，对初三学生学习方法的指导有着重要意义。据此，单元的教学目标设计如下。

（1）在听、说、读、写四种活动中正确运用与学习方法相关的词汇和表达方法，如："How do you study for a test？" "I study by working with a group."

（2）描述自己在英语学习经历中的收获和困难，回顾总结学法得失。如：在学习Section A 3a阅读材料的基础上，能够搭建写作框架，思考写作要点，进行口头表述，为书面写作奠定基础。

（3）分享交流自己的英语学习经历，能够从听、说、读、写四个方面概括有效的学习方法，草拟并完善自己的写作要点，形成书面表达。

（4）了解产生学法差异的原因和成功的秘诀，提升学习策略。如：在学习Section B 2a阅读材料和课外阅读材料"首席翻译官张璐、孙宁的英语学习经历"的基础上，提炼有效的学习方法和策略。

单元目标（1）中涉及与主题相关的词汇、句型、语法知识，目标（2）中包含了语篇如何构成、如何正确使用等语篇知识，并与获取这些语言知识紧密相连的听说、阅读技能共同为目标（3）中的写作技能的提升做好了前期准备。语言知识和语言技能互为条件和结果，互相促进，并与语言运用的内容相协调。此外，语言知识和语言技能的学习和提升为本单元情感态度、思维品质等目标提供了实现的条件。

总之，作为单元整体教学设计的首要环节，单元教学目标发挥着引领、统筹、检测单元教学的功能和作用。单元教学目标的设计相对于单课时教学来说，彰显了系统化、过程性、结构性的特征，克服了碎片化课时教学只见树木不见森林的局限。教师在设计单元教学目标时要综合考虑课程目标和内容要求，要对教材内容进行深度分析，考虑单元在教材中的地位和单元内部各知识点侧重培养的核心素养与能力类型，分析学生学情状况和教学环境差异等。单元教学目标内容应体现学生核心素养的全面提升，并通过内在清晰的逻辑层次和内容的相互关联协调，体现出单元教学目标的整体性和统领性。

二、单元整体目标下的课时目标设计

教学目标是课程目标的进一步具体化，是指导、实施和评价教学的基本依据。单元教学目标必须通过每一课时的教学才能得以落实，在确立了单元教学目标之后，要把单元目标系统地划分并落实到每个课时，分解单元目标到课时目标。单元目标与课时目标之间的关系是整体与部分的关系。如何将单元目标落实到每一节课的教学中，必须解决教学目标如何科学制定并准确表达的问题。

目前，在"立德树人"总教育目的下，英语学科教育着力发展学生的核心素养，但核心素养培养并非一朝一夕，而是需要经历持续建构和螺旋上升，通过若干课时教学目标的累积实现才能达成。

（一）课时教学目标设计的常见问题

课时教学目标最为具体，与教师日常教学工作的关系最为密切，它应能准确回答"我们要到哪里去"这个基本问题，即通过研读课程标准、教材内容与分析学情，明了学生的应然与实然的差距，从而确定精准的教学目标。然而，在现实教学中，教师在目标制定方面还存在诸多问题，集中体现在以下几个方面。

1. 目标设计只关注"双基"，忽视了思维品质和文化意识目标

我国传统课程目标一直以"双基"为核心表达，第八次课程改革从知识与技能、过程与方法、情感态度价值观三个维度提出了对学生发展的要求，核心素养则以学生适应终身发展和社会发展需要的必备品格和关键能力为旨归。课

程目标的嬗变体现了教育对不同时代人才培养诉求的回应，从"双基"到"三维目标"体现了课程从学科本位到以学生发展为本的转变，"核心素养"则不仅关注学生当下的发展，更关注学生未来融入社会并获得成功所需要的关键能力和必备品格（杨玉琴、倪娟，2019）。教师受到传统教案设计的影响，在思考和制定课时教学目标时往往只关注语言知识和语言技能目标，而忽视了挖掘文本内容，发挥教材的育人功能。

比如人教版《英语》八年级上册（Go for it! ）第一单元Where did you go on vacation? Section B 2a-2d，教师制定的目标如下：

（1）通过教师自身的情景式导入和与学生互动的问答形式，熟练使用以下词汇和短语：

activity，decide，try，bird，bicycle，building，trader，wonder，difference，top，wait，umbrella，wet，below，enough，hungry，hill，duck，dislike，feel，like，because of

（2）能正确使用一般过去时和不定代词的用法来询问及叙述假期活动和谈论度假的感受。

（3）能用以下句型谈论假期活动：

A：Where did you go on vacation?

B：I went to New York City.

A：Oh，really? Did you go with anyone?

B：Yes，I went with my family.

A：What did you do?

B：I went to the Center Park.

A：How was your trip?

B：It was excellent.

以上课时目标映射出教师的教学观念。教师只关注了教材的显性知识学习和听说技能训练，而对教材内容的隐形目标没有予以重视和深度挖掘，导致教学目标缺乏全面性，其教学活动不利于全面发展学生的核心素养。

2. 教学目标以教师为主体表述

在有些教师看来，教学设计只是一种关于教师教什么和怎么教的方案。在陈述教学目标时，他们以教师为主体，如help the students，make the students， get the students，arouse the students等短语中的行为动词指向的主语都是教师。这隐含着一种明显的教师立场，而缺乏应有的学生立场。以教师为主体，其关注点在于教师将做什么，却没有体现学生将要学什么、怎样学。倘若仅仅围绕着教师的教学思路筹划教学，教学设计要么就成了教师个人才能的展示，要么就成了既定教学任务的罗列。学习的主体是学生，教学目标的主体应是学生，若将上述教学目标中以教师为主体的表述转变为描述学生的学习行为，就会体现教师理念的转变，也能实现教学重心的转移，即从关注教师的教转变为关注学生的学。

3. 教学目标中的行为笼统抽象、难以测量

很多教师的教学目标表述常使用understand，know，grasp，arouse，help等笼统且抽象的动词，这些动词没有清晰地指向学习结果，过于笼统，难以捉摸、无法检测，如understand the text further，grasp the use of some key words and phrases，arouse the students' interest等表述是无法通过可视性的检测来判断到底学生能学到什么程度、怎样学、学得如何的。这样就难以检测课堂教学目标的达成度。

4. 目标内容过于宽泛，不具有适切性

有的教师在设计目标时，没有基于教学内容和学生的学情，目标要求脱离实际，目标过于宽泛，不具备可操作性。比如以下三个目标：

（1）Grasp the general idea of the text.

（2）Improve the students' reading ability.

（3）Arouse the students' awareness of protecting the environment.

从以上目标中可以发现，这位教师预设的三个教学目标都过大，不具体，不易实施。目标（1）放在任何一节阅读课教学中都是合适的，没有可操作性，也不好评价。目标（2）"提高学生的阅读能力"及目标（3）"唤醒学生保护环境的意识"这样的目标在一节课里是无法具体实现的，必须通过长期潜移默化的教育才可能培养起来。

（二）课时教学目标制定中的对策

针对以上课时教学目标设计中存在的观念陈旧、主体错位、行为笼统、难以检测，以及目标内容过大、空洞不适切等问题，我们提出以下几点改进对策。

1. 以课程标准为课时目标设计的支撑点

有效的课堂教学目标设定首先应基于课程标准。如果教学目标过高，则无法顺利达成；如果教学目标过低，则会使教学效果大打折扣（李明远，2017）。课时教学目标的精准定位必须依据课程标准，在制定课时教学目标时，教师要拥有基于新课程标准的教学目标设计理念，要在总的课程目标指引下，从课程标准中的分级目标开始制定单元目标，然后逐步由单元目标分解至课时目标，最终实现课程标准中规定的初中学生英语学科总目标。《义务教育英语课程标准（2011年版）》（以下简称为《义教课标》）制定了义务教育阶段英语课程的总体目标、分级目标以及分级标准。教师在设计教学前必须熟悉《义教课标》在语言技能、语言知识、情感态度、学习策略、文化意识这几个维度中的相应标准，从而制定有效的单元教学目标，并在此基础上制定单元内各个课时的教学目标。

例如，人教版《英语》七年级上册Unit 3 Is this your pencil？ Section B 1a-1e主题语境是人与社会，单元话题是things in the classroom，主要谈论教室里的各种常见物品，以及物品的归属。通过听说课学习并巩固常见物品的单词及如何问答物品的归属。在寻物的过程中，引导学生思考助人为乐的真正价值。教师在制定单元教学目标的基础上，确立本课时的教学目标如下。

（1）学生能正确读出并正确拼写教室常见物品（things in the classroom）的名称：baseball，watch，ID card，key，notebook，ring，pen，bag。

（2）通过在听中抓住关键词和运用速写技巧，学生能准确获取信息，正确完成听力任务。

（3）学生能在相应语境中，正确使用下列句型：

I lost my ...

Is this your ...?

Is this ... yours？

Yes，it is. It's mine.

No，it isn't. Mine is yellow. I think it's hers.

You can ask Mike.

Here you are!

Thank you! / Thank you for your help.

You are really a helping hand!

（4）学生能在两人小组、多人小组等团队活动中谈论如何寻物并表达感谢，体会"赠人玫瑰，手留余香"。

（5）学生能将自己所学知识形成完整的体系，将思考可视化并记录下来，创建个性化笔记。

《义教课标》指出，综合语言运用能力的形成是建立在语言技能、语言知识、情感态度、学习策略和文化意识等素养整合发展的基础之上的。上述教学目标既关注词汇、句型等语言点的学习和运用，又兼顾学习策略、学生情感体验和态度价值观的培养。在制定教学目标时，教师要有意识地联系语篇，使学生明确语言点所在的语境，同时融入情感态度价值观目标，实现素养目标的统一。

2. 以单元目标为课时目标设计的切入点

目前，我国英语教材都是按单元编排。教材编者是在单元整体设计的基础上编写教学内容。教师在分析教材时，要有单元的整体意识。

然而，单元目标不是各个课时目标的简单叠加。教师不能只关注单个课时的教学内容，孤立地围绕单个课时目标进行教学，因为有的教学目标不是靠单节课就能够实现的，可能要在单元内、学期内甚至学年内不断滚动和复现（叶畅，2015）。

教师在各个课时目标设计之前要再次深度阅读单元教材，考虑前后课时教学目标之间的联系，分解单元教学目标。同时，课时目标的设定要有全局观念，充分考虑到单元内每一语篇在主题内容、功能、语法等方面的联系，抓住主线，注意每个单元中不同的课型，使课时教学目标适切、明确、有序。

人教版初中英语教材采用话题、功能、结构、任务相结合的编写思路，以话题统领每个单元的教学内容，单元内容的设计采用分层结构和循环递进的方式，每个单元主要分为Section A和Section B两部分。Section A是基本的教学内容，着重听说训练，兼顾语法学习；Section B是在Section A的基础上将话题进一步拓展，除听说外，着重训练学生的阅读和写作技能，帮助学生灵活运用所学语言进行口头、笔头输出。教材的单元结构体现了"先听说、后读写、再评价"的教学思路（人民教育出版社，2012）。

例如，笔者对人教版《英语》（Go for it!）九年级全一册Unit 2 I think that mooncakes are delicious! Section A 1a-2d的课时目标做了如下分析。

（1）单元整体分析

本单元是人教版《英语》九年级全一册的第二单元，主题语境是人与社会，单元话题Festivals属于历史、社会与文化主题群下的不同民族文化习俗与传统节日子主题，通过口头和书面语篇介绍了中外部分重要节日的由来和习俗。在内容编排上，Section A主要通过听、说的方式介绍了我国的传统节日端午节、我国傣族泼水节与泰国泼水节，并在阅读板块中引出另一个重要的传统节日——中秋节，从节日时间、庆祝方式、庆祝原因等方面层层深入，逐步从简单的文化信息上升到中西文化差异交流，给学生提供了充分的语言支架。Section B延续了这一编写特色，通过听说课了解和学习英语国家的传统节日万圣节，在阅读语篇中介绍另一个西方重大节日——圣诞节，并激发学生思考圣诞节的真正价值。写作板块的教学内容要求学生以书面语篇向外国笔友介绍自己最喜欢的中国节日。

（2）单元教学目标

笔者采用《课标》对学生核心素养四个维度的培养，制定了核心素养下的单元教学目标，具体如下：

① 语言能力目标。通过听、读、看等方式，学生能够了解一些典型的中外传统节日；能够用口头和书面的方式介绍中外传统节日，包括节日时间、庆祝方式、相关故事，并且表达个人观点。

② 文化意识目标。通过听、读关于泼水节、中秋节、圣诞节等语篇内容，学生能够领悟节日的真谛，珍惜家人、爱与幸福；能够比较中外节日的共同点与不同点，提升跨文化交际意识，提高民族文化自信。

③ 思维品质目标。通过学习本单元内容，学生能够辩证地看待各个节日的传统与变化；能结合当下的实际情况，提出庆祝相关传统节日的创新方式。

④ 学习能力目标。能够运用看主题图、读标题等方式预测学习内容，运用勾画关键词、概括总结等方式推测大意和作者写作意图，运用思维导图帮助自己了解语篇脉络，组织提炼自己的观点。

（3）本课时教学目标

根据以上单元教学目标内容，划分单元中各个课时内容，然后根据各个课时教材内容，分解单元目标并细化到各个课时目标。本课时是本单元的第一课时，授课内容是Section A 1a-2d，课型为听说课，其教学目标如下：

① 通过自学拼读音标、查阅资料，学生能正确读出节日名称：the Water Festival，the Dragon Boat Festival；了解以上节日庆祝时间、人们的活动。

② 通过预读听力任务、在听中抓住关键词和运用速写技巧，学生能准确获取信息，正确完成听力任务。

③ 学生能正确运用句型I love/really like...I think/believe that...How adj. it is/they are！表达个人观点。

④ 学生能在两人小组、多人小组等团队活动中谈论节日相关信息，表达观点和态度。

本课时目标为达成单元目标中的了解传统节日、表达个人观点、领悟节日真谛等提供了语言积淀和听说技能练习；同时，注重为学生营造真实语境，并以此为载体培养学生的思维品质和文化意识。

3. 以学生为行为主体，依据学情设定课时目标

教学目标对结果的预期内容是"学生行为的变化"，即学生通过学习后"会什么、能做什么"，这意味着：教学目标的描述主体应该是学生，体现的是学生学习前后发生的变化。一般来说教学目标的确定有两个依据：一是教材，二是学情。教师应结合教学内容，把握学生的已有水平，然后制定合理、恰当的教学目标。

教学目标不可能是一成不变的，应视学生情况的不同而做相应的调整。教师在设定教学目标时，应全面了解每个班级、每个学生已经具备的基础知识、能力水平以及他们的兴趣、爱好、特长，设定的教学目标和采用的教学方法应该兼顾各类学生，让不同水平的学生在原有基础上都有所发展。

例如，某教师基于教材内容和学生的学情，对人教版《英语》八年级上册Unit 1 Where did you go on vacation？进行分析之后，确立了本单元第一课时的三级目标；一级是指每个学生必须达成的基础目标；二级是指80％的学生必须达成的知识技能灵活运用的学习目标；三级是指20％的学生必须达成的素养化的综合目标。

（1）在听说活动中，正确运用重点语法项目不定代词，如：someone，anyone，everyone，something，anything，nothing（一级）。

（2）在听说活动中，能正确使用有关词汇，如：wonderful，few，quite a few，most（一级）。

（3）能听懂并能正确填写课本上2a、2b的表格（二级）。

（4）能在课堂上用正确的语音和流畅的语调角色表演2d对话（三级）。

以上目标映射出教师的学生立场，所有目标的行为主体都是学生，而且充分尊重学情，对学生进行了分层目标设计，符合学生的"最近发展区"，是可以实现的。

4. 采用行为目标形式陈述课时教学目标

现代课程提倡采用行为目标形式陈述教学目标，使目标清晰、明确，具有可操作性。根据马杰（R.E. Mager）和加涅（Robert M. Gagne）的行为目标理论与技术，严格意义上的教学目标应包括行为主体（Audience）、行为动词（Behavior）、行为条件（Condition）和表现程度（Degree）四项要素，简称ABCD，并有一套规范的陈述方式，即主体+动词+条件+程度。

以人教版《英语》八年级上册Unit 6 I'm going to study computer science. Section B 2a-2e为例，其教学目标可表述如下。

（1）通过听说读写活动，能正确使用下列词汇和表达：promise，be able to，improve，at the beginning of，write down，take up，have to do with等。

（2）通过略读概括段落大意，抓关键词、精读、回填及寻读获取细节信息完成思维导图等活动，提高自己提取和概括主要信息的学习能力和语言能力。

（3）通过小组讨论文中观点，运用所学语言表达自己的不同观点和看法。

（4）能辩证地看待各个节日的传统风俗；能结合当下的实际情况，提出庆祝相关传统节日的创新方式。

（5）运用一般将来时和本课所学结构和词汇撰写新年计划，树立正确的生活目标。

以上目标都清晰表述了行为主体、行为动词、行为条件和表现程度，对教学活动有明确的指向。明晰的课堂教学目标是有效教学的前提，倘若教学目标设定存在偏失，那么必将对课堂教学的效果产生很大影响。教师在备课时必须始终心中有目标，时常叩问自己"这节课学生将学会什么"。当然，教学目标只是课前教师精心的预设，不可能是一成不变的，应具有适度的弹性；教师在执行教学目标的过程中应该灵活处理好预设与生成的关系，不断修正教学目标，使今后的教学行为产生最大的驱动力（马辉，2014）。

总之，教师要在制定单元教学目标后，结合单元教材的多模态语篇制定有梯度的课时目标，最终完成整个单元的教学目标。无论是在制定单元教学目标还是设计课时教学目标时，都应该保持与实现核心素养方向上的一致性，切合学生的"最近发展区"。每节课聚焦与具体教学内容相适切的素养目标，每节课都成为达成核心素养目标的阶梯，那么核心素养这一终极目标就可以落地而不会被悬空。

三、单元整体教学下的评估任务设计

（一）逆向教学设计的定义

通常的教学设计是从教材分析、学情分析出发，然后设计教学目标以及教学活动，最后通过作业或单元测验进行检测评价。2001年，美国教育评估专家格兰特·威金斯（Grant Wiggins）和杰伊·麦克泰格（Jay McTighe）提出逆向设计（Backward Design），他们在 *Understanding by Design* 一书中对逆向设计的定义为：教师从最终的结果——预期的目标或标准出发，然后根据目标或标准对学生学习的要求以及为达到此要求而实施的教学（如手段和方法等）来设计课程。他们认为，逆向设计包含三个阶段：确定预期结果（Identify Desired Results）、确定合适的评估证据（Determine Acceptable Evidence）、设计学习体验和教学（Plan Learning Experiences and Instruction）。由此，逆向教学设计与传统教学设计的不同之处在于：教师在制定教学目标后，在设计教学活动之前，先要想好通过哪些证据证明学生达到了学习目标。也就是说，我们需要设计哪些有效的评估任务来促进师生通过教学活动实现教学目标的全面达成。

（二）为何要在教学活动之前设计评估任务

教师是设计师。该职业的一项基本工作就是精致地设计课程和学习体验活动，以满足特定的教学需求。我们也是评估设计师，诊断学生需求以指导我们的教学，使我们自己、我们的学生，以及他人（父母和管理者）能够检验我们的工作是否已经达到了预期的目标（威金斯、麦克泰格，2001）。

我们如何知道学生已经达到了预期目标？哪些证据能够证明学生的理解和掌握程度？逆向设计告诉我们要根据收集的评估证据（用于证实预期学习是否已完成）来思考单元和课时教学。这种方法鼓励教师在设计特定的单元和课时前，先要"像评估员一样思考"，思考如何确定学生是否已经达到了预期的理解，即我们需要在确立教学目标之后，马上着手设计一系列有效的评估任务。

传统的教学设计有两个误区：要么是教学活动导向的设计，要么是教师灌输导向的设计，这些教学设计都不利于培养学生的英语学科核心素养。为何会产生这些误区呢？一个重要的原因就是教学目标成为摆设，没有起到真正的导教、导学、导评的作用。那么，如何凸显教学目标的真正价值，让学生在课堂教学中获得智力上的成长和精神世界的丰盈？我们需要精心设计评估任务来检验目标是否达成和促使目标最终实现。在设计教学活动之前，教师先思考如何展开评估，而不是在一个单元学习后才进行评估，这样就能最大限度地保证预期的学习目标与教学活动之间的一致性。

教学评价与教学目标之间具有高度的相关性，可以说，没有教学评价，就没有理想的教学。因为教学评价不仅能有效反转过来促进、完善教师的教，而且通过及时反馈能调动学生学习的积极性与主动性。由此可见，教学评价是单元教学设计中必要的核心元素。但教学评价还远没有得到应有的重视，比如，在有些教师看来，教学评价无非是设计课后作业，或者是单元检测、半期检测和学期检测。实际上，教学评价有多种形式，不仅要注重学生学习的结果性评价，更要注重学生学习的过程性评价。教学评价的指标应相对具体、明确、可观察、可检测。

（三）基于教学目标设计有效的评估任务

设计有效的评估任务的一般思路是从预期的教学目标出发提问：若要实现预期的教学目标，需要设计哪些评估任务来证明目标已经达成？学生的学习起点在哪里？师生需要哪些教学材料实施教学？需要采用什么样的教与学的方法帮助学习？需要设计哪些过程性练习和课后作业来帮助评价和自评，用于反馈教学，促进目标达成？通过这样的反复追问与回答，教师彻底想明白了教学设计的最终要求、逻辑起点和教学过程，最终成功实现素养化的教学目标。

要设计有效的评估任务，需要我们在制定目标之后思考以下问题：什么可以用来证明教学目标的达成？达到这些目标的证据是什么样的？教与学所指向的、构成评估的表现性行为是什么样的？只有很好地回答了以上这些问题，我们才能设计出合适的教学和学习体验，从而使学生成功地完成课堂学习任务，达到课程标准和教材内容的要求。

比如，人教版《英语》（Go for it! ）九年级全一册 Unit 7 Teenagers should be allowed to choose their own clothes. Section B 2a-2e，单元主题语境是人与社会，单元话题 Rules 属于社会与文化主题群下的个人在学校、家庭及社会公共场合的规则子主题，通过口头和书面语篇讨论与描述了个人在以上不同场合可

以被允许或不被允许做的事情。教师基于单元教学目标和单元核心任务，划分
了各课时内容并制定了课时目标。在确立该节阅读课的教学目标的基础上，教
师紧接着设计了评估任务。

Task 1 学生观察课本图片，预测以下三个问题：①Does he like running?
Is he good at running? ②Does he want to become a professional runner? ③Do his
parents support his dream? 随机抽取学生回答。

Task 2 学生快速阅读文章内容，通过上下文找到本文中重要的表达法be
serious about，have nothing against，get in the way of 的意思，并在文章中找出依
据，用这些短语造句，随机抽取学生检验完成效果。

Task 3 以 Task 2 的结果为依据，创设问题 Do Liu's parents love him? 并从
文章中找出能体现父母对其爱的句子并且进行情感朗读。之后进一步提出疑问
Does Liu accept his parents' love? 学生两人一组或者四人一组从文中找出依据，
随机抽取一个小组进行交流展示。

Task 4 开放性任务：根据Liu Yu的实际情况，小组合作进行理性思考和分
析，帮助Liu Yu想办法该何去何从。运用本单元或本课所学词汇和句型传达信
息、表达观点。设计三个评价点：语言正确、内容合理新颖、表达自然流畅。
通过小组互评、师生共评评出优秀方案。

以上四个评估任务紧扣本课时教学目标，比如第一个评估任务对应了课时
目标1.通过观察图片，学生能合理预测图片反映出来的相关信息，并利用快读
策略检验自己的预测是否和文章内容一致。 评估任务二对接课时目标2.学生能
根据上下文和教师创设的情景猜测be serious about，have nothing against，get in the
way of 等所表达的重要意思，并在语言输出时正确使用这些表达。评估任务三检
验学生是否达成本课时目标3.学生能利用寻读技巧找出文章中的facts或opinions，
并在段落中找出相关的支撑细节。评估任务四考查学生的综合能力，特别关注
学生的分析能力、评价能力、逻辑思维和批判性思维，很好地衔接课时目标4.学
生能根据Liu Yu的实际情况，理性分析他的处境，提出建议以及所给出的建议
理由。

通过以上表现性评估任务的设计，课堂教学目标导教、导学、导评的作用和
地位得到巩固，教学的有效性得到极大提升，学生的学习主体地位进一步凸显。

第四章 初中英语教、学、评一体化课堂教学实践

在前面两个章节中，我们阐述了核心素养背景下的教学目标和评估任务的设计理念，分析了一些典型的实践案例，在本章节，我们继续探讨基于核心素养的初中英语教、学、评一体化课堂教学实践。

一、教、学、评一体化的实践意义

《普通高中英语课程标准（2017年版2020年修订）》倡导建立"以学生为主体，促进学生全面、健康而有个性地发展"的课程评价体系，要求教师"处理好评价与教和学之间的关系，推动教、学、评一体化的实施"。同时，课堂评价活动"应贯穿教学的全过程，为检测教学目标服务，以发现学生学习中的问题，并提供及时帮助和反馈，促进学生更有效地开展学习"。由此，教、学、评一体化的概念正式提出。教、学、评一体化对深化课程改革、切实提高教育教学质量、促进教师专业化发展具有重要的理论和现实意义。

（一）促进英语学科育人目标的有效落实

《普通高中英语课程标准（2017年版2020年修订）》提出了以语言能力、文化意识、思维品质和学习能力构成的英语学科核心素养，明确了立德树人的目标。教师只有将学科核心素养的目标转化为具体的课堂教学目标和学生的课堂实践活动，并在这一过程中根据学生表现做出教学调整，确保学生在提升语言能力的同时，逐步形成跨文化意识和积极的生活态度及正确的行为取向，提高思维品质，从而把英语学科核心素养目标落到实处。

（二）促进教师持续关注学生的学习过程

长期以来，评价被简化为测试，导致考试的功能和作用被片面夸大，开展课堂评价的意义和功能被弱化，学生参与自评和互评的主体地位缺失。教、学、评一体化概念的提出明确了教学、学习和评价的关系，凸显了以评促学、以评促教的功能。这将引导教师更加关注教学过程中学生主动参与的态度、对学习投入的程度以及实际学习的成效，从而通过及时反馈和调整确保教学目标的实现。

（三）促进教学活动的科学性、逻辑性和连贯性

教、学、评一体化模式依据威金斯和麦克泰格提出的逆向设计，采用目标导向的教学设计理念，确保教师教学设计的科学性、逻辑性和连贯性，为教师实施有效教学起到积极的保障作用。教师从教学设计与实施入手，关注教什么、学什么和如何教、如何学的问题，并通过对学生学习效果的持续观察和评价，确保目标的达成。教、学、评一体化也将有效促进教师自身的专业发展，为核心素养落地课堂奠定基础，从而全面提升课堂教学质量。

（四）促进教育评价理论与实践深入发展

教、学、评一体化顺应了评价范式转型的趋势，推动评价理论与实践向纵深发展。当前，评价领域正经历从测试文化到评价文化的范式转型。前者侧重结果，旨在测评学生学业成绩，从而达到选拔人才抑或教育问责的目的；后者强调过程，提倡通过评价改进教师教学，进而促进学生学习。为实现教育改革目标，《普通高中英语课程标准（2017年版）》有针对性地提出了教、学、评一体化的概念，顺应语言评价社会转型的历史趋势，突破传统教学与评价二元对立的瓶颈，实现二者的有机整合和统一，探索促进学生全面发展的有效途径。

二、教、学、评一体化的理论基础

教、学、评一体化概念吸收了学习导向的评价、动态评价和形成性评价三个领域的理论成果和实践经验。

（一）学习导向的评价理论

卡利斯（Carless）提出该理论包括三个核心内容：评价任务（即学习任务）、学生的积极参与和教师的及时反馈。这种评价范式整合了为了学习的评价（assessment for learning）、对学习的评价（assessment of learning）和作为学习的评价（assessment as learning）三种评价方式。其中，为了学习的评价聚焦课堂，突出教学过程的促学价值；对学习的评价突出以终结性评价的方式关注不同学习阶段的成效；作为学习的评价旨在确立学生的评价主体地位，促进学生的元认知发展，提升自主学习和终身学习的能力。琼斯（Jones）和萨维尔（Saville）从社会建构主义的视角出发，将外部测试与课堂评价进行整合，同时连接个体、学校、社会和评价四个世界，在宏观和微观情境下全面考察学生的学习和发展。他们倡导教师基于相应的标准参照，结合学生实际需求和社会期待设置教学目标。然后以评价任务和语言活动为抓手，开展课堂教学和评价，最后回到新的任务设计，进入新一轮的教、学、评工作。在整个学习系统中，学习是个体在教师的帮助下参与社会互动、获取知识、提升能力、养成习惯、陶冶情操的过程。学习导向的评价强调教师的中介性和师生间、生生间的交互性，契合语言的学科属性。该范式提倡的高阶思维、人际交往、迁移创新等技能与《高中课标》旨在发展学生的"语言能力、文化意识、思维品质和学习能力"的核心素养目标高度吻合，为核心素养背景下探讨教、学、评一体化的实施提供了重要的理论依据（王蔷、李亮，2019）。

（二）动态评价理论

兰道夫（Lantolf）和波纳（Poehner）认为，动态评价可分为互动式和干预式两种模式，前者契合社会文化理论，关注教与学的统一，强调评价者依据学习者的特点和需求，为其提供差异化、个性化的中介支持，以实现学习者的认知能力提升、个体或群体发展；后者采用类似实验干预的方法和标准化的中介方式，面向不同的学习者，为其提供相同或类似的支持，最终指向学习者的发展。二者各具特色，又有相通之处。在动态评价环境下，评价过程即教学过程，教师具有评价者和中介者的双重身份。教师通过诊断学生的学习问题，找到"最近发展区"，提供支架，给予反馈；同时记录表现，收集形成性的学习证据，为新的学习和教育决策提供参考。动态评价理论本属于心理学范畴，将之引入教育领域和二语/外语习得领域，它能为构建教、学、评一体化模式提供重要的理论支撑。

（三）形成性评价理论

考伊（Cowie）和贝尔（Bell）指出，课堂评价是动态循环的过程，始于教学前的目标计划，教师通过课堂活动落实既定目标，经历实践检验、发现问题、给予反馈、采取行动、调整教学，进而促进学生学习。这种对形成性评价理论与实践的探索本身就是对教、学、评一体化整合的尝试。布莱克（Black）和威廉（Wiliam）针对课堂评价提出了五条原则：①明确学习目标和成功标准；②设置有效课堂讨论和其他学习任务，引出学生理解信息；③提供反馈，推动学生进步；④激活学生作为彼此的教学资源；⑤激活学生作为自己学习的主人。这些原则与泰勒（Taylor）的课程编制原则有异曲同工之妙，不同之处在于超越了教学论范畴，从评价的视角审视教学和学习，突出了学生的主体地位。赫里蒂奇（Heritage）在前人的基础上提出，课堂评价是教师交流目标，收集、阐释和使用学习证据的过程。通过课堂互动，教师发现学生学习中存在的问题，明确现有水平与目标间的差距，进而实施教学活动，为学生新的学习提供支架，最大限度地促进学生学习。该模型不仅从教师的角度出发，还关注学生自我评价、合作学习、自我管理、动机、同伴评价等课堂文化层面的问题，进一步拓展了教、学、评一体化的外延。戴维森（Davison）和梁（Leung）从系统的视角出发，综合考虑教育纲要、教育条件、资源分配、学校定位、个体差异、学习需求和课堂情境等要素，将教师教学、学生学习和效果评价进行一体化整合，以发挥不同评价主体的作用，实现以评促教、以评促学、教评结合、教学相长，由此构建了相对成熟的教、学、评一体化概念。综上可见，形成性评价始于目标确定，聚焦课堂活动，注重学习过程，强调师生互动，与英语学科的交互性、动态性和生成性等特征吻合，最终指向学生的学习和发展，为教、学、评一体化的设计与实施提供了理论依据和实践参考。

综合课程设计与实施以及评价领域有关教、学、评的相关研究可以发现，英语学科教、学、评一体化的本质在于突破传统教学与评价二元隔离孤立的局面，通过整合教学与评价，使评价不再凌驾教学之上或游离教学之外，而是镶嵌于教学之中，成为教学的有机组成部分，使教、学、评在持续的良性互动中最大限度地达成目标，促进学生学科核心素养的逐步形成与发展。

三、核心素养下的教、学、评一体化的主要内涵

《普通高中英语课程标准（2017年版）》指出："完整的教学活动包括教、学、评三个方面。教是教师把握英语学科核心素养的培养方向，通过有效组织和实施课内外教与学的活动，达成学科育人的目标；学是学生在教师

的指导下，通过主动参与各种语言实践活动，将学科知识与技能转化为自身的学科核心素养；评是教师依据教学目标确定评价内容和评价标准，通过组织和引导学生完成以评价为导向的多种评价活动，以此监控学生的学习过程，检测教与学的效果，实现以评促学、以评促教。"由此可见，教、学、评是指一个完整教学活动的三个方面，一体化则是指这三个方面的融合统一。教以目标为导向，指向学科核心素养的培养；学是为了发展核心素养，与教的内容保持一致；评则是为了促教和促学。教、学、评三者本质一致，共同指向发展学生的学科核心素养。而课堂活动是教师教学和学生学习的基本组织形式，是落实课程目标的主要途径。为实现课程目标，教师必须构建与目标一致的课程内容和教学方式，也就是将教学目标和学习结果整合到评价任务和课堂活动中，确保教学、学习与评价的一致性，即实施教、学、评一体化的实践范式。具体而言，教师应以课程目标为依据，有机整合课程内容，精心设计学习活动，以主题意义为引领，以语篇内容为依托，通过创设具有综合性、关联性和实践性的英语学习活动，引导学生采取自主、合作的学习方式参与主题意义的探究活动，从中学习语言知识，巩固语言技能，汲取文化营养，开拓多元思维，塑造良好品格，优化学习策略，提高学习效率，确保语言能力、思维品质、文化意识和学习能力的同步提高和全面发展。

教、学、评一体化模式能有效整合教学目标、教学内容、教学方法和学习策略，推动新的课程标准在实践中落实，促进学生英语学科核心素养的发展。

四、初中英语教、学、评一体化课堂教学实践

教、学、评一体化的设计与实施包含诸多要素和环节，是一项系统的育人工程。它强调形成性评价在课堂教学中的作用，通过实施有效的课堂教学活动达成目标，评价改进学生的学习过程，最终实现英语学科核心素养的发展。在初中英语课堂教学中实施教、学、评一体化的要素和环节分为明确课标理念、把握教材内容、分析学生学情、制定教学目标、确立评估任务、设计教学活动、选择教学方法、评价教学效果等。在前面几个章节中已经对课标理念、教材内容、学生学情、教学目标和评估任务几个方面进行阐述，在本章节中不再赘述。下面主要对教学活动设计、教学方法选择和教学效果评价做详细的阐述。

（一）教、学、评一体化的初中英语课堂教学活动设计

教学活动设计的出发点和最终归宿是教学目标，目标的精准设计和全面达成是衡量一节课优良的重要尺度。而教学目标是在一系列真实的、科学的、有效的课堂教学活动中达成的。

目前，教师普遍重视在教学目标的指引下去设计和开展教学活动，但是仍然还有部分教师把教学目标当成摆设，在课堂中随意开展教学活动，导致教学活动的目的性不明确，活动缺乏针对性和有效性。还有教师只重视语言知识讲解和记忆，对学生听、说、读、看、写的五项技能培养不够，导致学生的语言运用能力弱。一些教师已经习惯了采用灌输式的教学方式，在课堂上照本宣科，少有真实情境、探索性问题设计，这就导致学生在课堂上严重缺乏探究、质疑、创造的学习过程。那么，如何提高课堂教学活动的质量，以适应新课程下对学生核心素养的培养？我们需要做到以下几个方面：

1. 紧扣教学目标设计教学活动，提高教学活动的有效性

我们要自始至终把目标当作一节课的灵魂，基于教学目标的达成来设计关键的教学行为。教学目标也是教、学、评一致性的前提，它使教与学保持高度一致，使师生一同为达成课堂目标而努力。

比如，人教版《英语》（Go for it!）九年级全一册Unit 14 I remember meeting all of you in Grade 7! Section B 3a-3b，本单元是人教版《英语》九年级全一册的最后一个单元，主题语境是人与社会，单元话题School Days（在校时光）是谈论对即将结束的初中时光的回忆，以及对于以后学习生活的打算和计划。本课时是一节主题写作课，教师设计了以下四个目标：

（1）能使用思维导图收集主题词汇；

（2）在思维导图的帮助下，能搭建文章的写作框架；

（3）能草拟一篇关于学校生活的文章；

（4）能依据评分标准开展自评、同伴互评。

教师紧扣以上四个目标设计了相应的教学活动。例如在写前部分第一个环节，教师给出几个数字让学生开展头脑风暴，引出对学校生活的回忆；在第二个环节，教师通过图片的提示，将校园生活分为校园、学科、节日、人物四个部分，为接下来的写作框架做铺垫；在第三个环节，教师展示思维导图，请学生填写相应的词汇完成思维导图；在第四个环节，学生根据自己的实际情况借

助思维导图中的词或短语造句；在第五个环节，学生将词汇运用于一篇文章之中，将文章补充完整；在第六个环节，学生根据这篇补充完整的文章内容提炼文章写作结构。由此，教师引领学生们为写作做好了词语、句型和结构的铺垫，同时也实现了教学目标（1）（2），在写中部分，教师在学生写作中给出清晰、完整的结构脉络，为学生写作搭建支架，同时在内容设置上具有开放性，这样关照到不同层次的学生，让学生想写、能写，同时发挥学生的想象力和创造力。至此，学生达成教学目标（3）。在写后部分，教师引导学生根据评分标准同桌交换作文，互相批改并打分。教师提出具体可操作的指令是让学生在同桌的作文中找出一个优点并提出一条建议。通过这个环节达成目标（4）。我们可以看出，教师设计的教学活动具有针对性、逻辑性和实效性，全面实现了教学目标。

2. 精心创设真实的教学情境，突出语言学习的意义

学科核心素养的发展需要精选学科知识并置于真实的学习情境中，创设兼具实践性和思维性的教学活动，引发学生自主学习行为，将知识转化为能力，在持续建构和螺旋上升中帮助学生完成真实情境中的任务，形成和发展语言能力、文化意识、思维品质和学习能力。

按照《普通高中英语课程标准（2017年版）》要求，英语教学倡导六要素整合的英语学习活动观，是指学生在主题意义的引领下，通过学习理解、应用实践、迁移创新等一系列体现综合性、关联性和实践性等特点的英语学习活动，使学生基于已有的知识，依托不同类型的语篇，在分析问题和解决问题的过程中，促进自身语言知识学习、语言技能的发展、文化内涵的理解、多元思维的发展、价值取向的判断和学习策略的运用（教育部，2018）。在英语学习活动观指向下，学生在课堂学习中需要通过感知、体验、实践、参与合作等方式完成学习任务，达成教学目标。以人教版《英语》八年级下册Unit 7 What's the highest mountain in the world? Section B 2a-2e为例，教师首先创设了"The journey of animals discovery"这个学习情境，紧接着播放成都大熊猫研究基地的视频，自然引出大熊猫的话题，激发了学生对语篇主题的兴趣，学生在感兴趣的自然情境中完成任务，这极大地增加了他们自然习得语言知识的概率，学习效率得以提升。又如，七年级下册Unit 8 Is there a post office near here? 出现问路与指路的语言学习及应用，教师可以提供一些真实的学校、街道、小区、城市等地图供学生模仿操练，这不仅让学生学会了使用目标语言，而且让学生意识到语言是生活中必不可少的工具之一，在真实情境下完成语言学习、口语交流、文章撰写等任务是学好语言的有效手段之一。

3. 基于教材和学情设计基本问题，提高学生的思维品质

最好的问题不仅能够促进学生对某一特定主题单元的内容理解，也能激发知识间的联系和迁移。我们称这样的问题为基本问题（威金斯和麦克泰格，2017）。

由于核心素养的形成是在真实的问题情境中借助问题解决的实践培育起来的，因此单元教学设计的实施要借助多种教学策略创设真实的问题情境。通过设计有内在联系的基本问题，可以持续不断推动思维得到深入发展，这样就能促进学生思维品质的提升。基本问题能对教学起到"牵一发而动全身"的作用，促使学生展开深入的学习体验，对教材内容和教学过程起到内在的牵引作用，它在导学过程中也起着至关重要的作用。教师可以通过运用一个或几个有紧密联系的、围绕主题的、有着内在牵引力的基本问题来进行导学设计，以达到简化教学程序、深化教学内容、强化学生能力、优化教学效果的目的（陆丰，2021）。

（1）设计统领性问题。课堂教学需要以统领性问题为牵引，这些问题不能简单地用一个句子回答，也没有一个标准答案，相反，它们激发思考和探究，引出更多的问题，促进学生深入思考和体验。在进行统领性问题设计时，围绕主题内容、话题或者功能，用少而精、深而活的问题来激活课堂，统领整个课堂教学内容，使教学过程脉络清晰，启发学生的思维，达成高效的课堂教学。比如：在人教版《英语》八年级下册Unit 4 Why don't you talk to your parents? Section B 2b Reading课时中，围绕主题设计了三个与teenage problems相关的基本问题：What is the common problem for Chinese and American families? Who gives their opinions about the problem? What should we do with the problems? 让学生在问题的引领下深入理解课文内容，系统思考如何解决家庭中父母与孩子的困惑与烦恼。

（2）设计"问题链"，拓展学生的思维空间。"问题链"是促进学生形成语言能力、启发学生思维的一个重要脚手架，但"问题链"并不是众多简单问题的叠加和集合。一个有价值的"问题链"应该是关照教学内容的整体与个别，有中心、有重点并相互关联的一整套问题组。在英语课堂教学中，一些教师常常通过随意的提问来组织课堂教学，难以构建系统的有逻辑的课堂教学，

教学效果不能得到保障。

在"问题链"设计上要紧扣主题，找准设问点，首先，需要教师在充分解读文本的基础上设置问题，问题的设置要突出篇章重点，力求通过紧扣主题的设问点保障学生在学习的每个环节都能同文本进行更好地互动。其次，在设计"问题链"时要充分结合语境，激活学生思维，根据特定的语言情境设计递进式"问题链"，这样不仅能够强化学生的认知体验，更于无形中提升了学生的思维能力。比如：在人教版《英语》九年级全一册Unit 4 I used to be afraid of the dark. Section B 2b Reading课时中，教师引领学生首先理解文本基本信息，然后深入解读文本，推断作者写这篇文章的目的。在文本信息理解这个环节，教师通过Who、Where、When、What、Why and How设计"问题链"；在促进学生深度阅读文本上，教师精心设置了以下开放性的"问题链"，让学生在四人小组中进行讨论。

① What does the author really want to tell us by writing this article?

② What attitude does the author have towards Li Wen? How do you know?

③ What does the author think is important for parents?

以下是来自部分学生的优秀答案。

① The author wrote this article to tell us that many parents move to the cities to look for jobs and do not live together with their children, so their children often get lonely and unhappy, and this could influence their schoolwork and even cause some social problems. The author also wants to tell us that it's very important for parents to be there for their children.

② The author really appreciates Li Wen's good changes. We can see from the title "He studies harder than he used to." that Li Wen didn't use to study hard and failed his examinations, but now he studies hard and has made changes for the better. He has become an active and happy boy. The author is happy with Li Wen's good changes.

③ The author thinks that it is very important for parents to communicate with their children more often and understand them better. Parents should also encourage their children and take pride in everything good that their children do. And if their children need help, the parents should be always there.

通过对上面这些超越文本的触发深度思考的"问题链"讨论，学生不仅运用语言知识进行了交流，同时也进行了更有广度和深度的学习思考，学生在人与自我、人与社会、人与自然的主题下，借助"问题链"发展英语学科核心素养。

（3）以基本问题带动学生英语听、说、读、看、写的技能发展

基本问题是在教与学的过程中可以促进学生学习体验的最重要、最基本的问题。基本问题是英语学习的路线图，对教材内容和教学过程有着内在的牵引力，它在导学过程中起着至关重要的作用。

通过基本问题的导引，师生会在教学过程中选择相应的教与学的活动，从而发展学生的语言技能。比如人教版《英语》九年级全一册Unit 1 How can we become good learners? 单元话题"Learning how to learn"属于校园生活主题群下的如何学习子主题，通过口头和书面语篇介绍了学科学习、语言学习，尤其是英语学习的不同方法。在内容编排上，Section A主要通过听、说的方式让学生相互交流了解英语学习的不同方法；Section B通过听说课进一步提出自己在英语学习中遇到的困难和挑战，以及解决方案。在阅读语篇中介绍了如何成为成功的学习者的四种方法，并激发学生相关思考，写作板块的教学内容要求学生以书面语篇向朋友介绍学习方法，提出学习建议。

在单元教学中，如何基于主题语境对学生听、说、读、看、写的技能进行培养呢？我们需要依据多模态语篇内容和形式，设计有针对性的基本"问题链"带动和牵引语言能力发展。比如在本单元Section A听说课中，可以设计以下"问题链"，从而推动听说能力训练。

① Are you a good learner?

② How do you study English?

③ How do you study for a test?

④ What ways you study English do you think are the most effective? Why?

学生通过对以上问题进行小组讨论和交流展示，发展了语言知识，训练了听说技能，同时也潜移默化学到了好的学习方法，从而优化自己的学习方法，提高学习效率。问题的生成必须基于学生的已有知识水平和能力水平。通过小组交流可以提升生成问题的质量。课中问题生成可以分三步走：第一步，通过自主学习，个人发现问题；第二步，通过小组讨论，整合学习问题；第三步，通过全班讨论，探究核心问题。

总之，基本问题具有导教导学的作用，是单元整体教学的主线，使教学过程更加富有逻辑性，教学效率得到提升，使学生去体验学习的过程，培养了学

生的思维品质。

4. 把教的过程当作评的过程，处理好预设与生成的关系

基于核心素养的英语教学不是简单的英语知识学习和技能训练，而是强调个体怎样学会学习，强调在解决问题的过程中完成知识与技能、过程与方法、情感态度价值观的整合。这并不是否定教师的教，而是建议教师在有效率地教中寻找普遍学习规律。

教师怎样能做到高效地教学？笔者认为一个重要的方法是把教的过程当作评的过程，处理好预设与生成的关系，根据课堂反馈情况适当地调整教学内容、方法和过程。如果教师把教的过程当成评的过程，就会从关注学习结果转向关注学习过程，注重课堂多元评价，凸显以评促学、以评促教的功能。教师也会更加关注教学过程中学生主动参与的态度、对学习投入的程度以及实际学习的成效，从而通过及时反馈和调整确保教学目标的实现。

例如：人教版《英语》九年级全一册Unit 6 When was it invented？Section A 3a-3c，本单元话题Inventions属于历史、社会与文化主题群下的发明创造。本课时是阅读课，阅读语篇讲述了我国有记载的饮茶起源的故事、茶如何被神农无意中发明的，以及茶的发展和传播历史。教师根据课时目标设计了六个评价任务，事实上，这六个评价任务也是六个有针对性的教学环节：

Task 1 学生通过标题和图片预测文章大意。

Task 2 学生运用skimming的抓首句的技巧迅速找到各段落的大意，随机抽取学生回答检验完成情况。

Task 3 通过各文段大意，引导学生判断文章体裁，引导学生从整体进行把握，再分段阅读。带着任务和要求获取关键信息，准确回答问题和完成相应任务，随机抽取学生检验完成效果。

Task 4 学生利用找特定信息的技能完成思维导图、表格及填空任务，获取文章关键信息，随机抽取学生检验完成情况。

Task 5 两人一组通过讨论回答Was tea invented just by accident？What's the influence of the tea trade？Who understand tea best around the world？Why do you think so？等问题表达观点态度，随机抽取一个小组进行交流展示。

Task 6 做好茶的传播使者：小组合作，选择任务A文章内容或者任务B补充材料内容，使用思维导图的形式介绍中国茶。设计四个评价点：内容完整、正确；设计合理、精美；表现大方、声音洪亮；语言表达准确、流畅。通过小组互评、师生共评评出优秀茶文化传播者。

以上六个评价任务完全嵌入课堂教学过程之中，使教学活动的指向性和针对性非常明确，课堂教学环节完全是为达成课时目标而服务，从而进一步提高了目标达成度，实现了教学的有效性。

（二）教、学、评一体化的初中英语课堂教学方法

《义务教育英语课程标准（2011年版）》主张学生在语境中接触、体验和理解真实语言，并在此基础上学习和运用语言。英语课程提倡采用既强调语言学习过程又有利于提高学生学习成效的语言教学途径和方法，尽可能多地为学生创造在真实语境中运用语言的机会。鼓励学生在教师的指导下，通过体验、实践、参与、探究和合作等方式发现语言规律，逐步掌握语言知识和技能，不断调整情感态度，形成有效的学习策略，发展自主学习能力。普通高中英语课程倡导指向学科核心素养的英语学习活动观和自主学习、合作学习、探究学习等学习方式。教师应设计具有综合性、关联性和实践性特点的英语学习活动，使学生通过学习理解、应用实践、迁移创新等一系列融语言、文化、思维为一体的活动获取、阐释和评判语篇意义，表达个人观点、意图和情感态度，分析中外文化异同，发展多元思维和批判性思维，提高英语学习能力和运用能力（教育部，2018）。从以上新课程标准倡导中，我们梳理出英语教学方法的几个关键词："真实语境、英语学习活动观、自主学习、合作学习、探究学习"，这些关键词指导我们采用正确的课堂教学方法培养学生的英语学科核心素养，实现英语学科育人的总目标。

1. 采用情景教学法，创造语用环境

情景教学法通过为学生创造真实的语言环境，增强语言的代入感，能够切实提高学生的语言思维和表达能力。在教学过程中，教师结合学生心理特征，有目的地将学生引导到特定的教学情境中，并组织其在情景中学习和运用新的语言知识，调动学生的非智力因素，使他们在潜移默化中逐渐掌握英语知识和英语技能，从而达到学以致用的效果。相较于传统教学方法，情景教学更容易激发学生的学习兴趣，也能够让更多学生参与进来，这与传统灌输式的教学方法形成了鲜明对比。

比如：在学习人教版《英语》八年级上册Unit 6 An old man tried to move the

mountains. Section A 1a -2c听说课中，学生利用Section A 2a的主题图提取信息，预测听音内容，利用信息差，真实进入听力训练。通过这个活动，学生学会利用主题图进行听前预测，并通过听音排序、听音填空进一步了解故事的发展主线及细节信息。然后，学生在小组合作中讲述故事《愚公移山》，并评价愚公的行为和精神，运用本课所学词汇、句型和语法传达信息和表达观点。教师还制定了小组活动展示的评价点，通过自我评价、小组互评、师生共评评出优秀小组。教师通过创设真实情境，让学生体会到英语学习的真实意义，促进学生将被动学习变成主动学习，在学习活动中体验、合作、探究新的语篇内容、语言知识和语言技能，促进语言能力、文化意识、思维品质和学习能力的发展，也让学生最大限度地感受到学习过程的乐趣。

2. 采取分层教学法，关注每一个学生的成长

自古以来，我国就有因材施教的传统教育观念，而分层教学法就是对因材施教教育理念的继承与发展。分层教学充分考虑学生的认知风格、认知结构、学习动机、学习能力等方面的综合差异，发掘学生的潜能，激发英语学习的主动性，提高课堂教学效果，逐渐培养学生的核心素养。

在初中阶段，学生容易产生两极分化，特别对于英语学科教学现状，部分学生学习英语的兴趣越来越浓厚，成绩也越来越优秀。然而，有很大一部分学生对英语学科产生了厌学情绪和畏难情绪，英语成绩越来越差，甚至彻底放弃学习。为此，在初中英语教学中，教师要切实开展分层教学，关注每个层次学生的学习情况、学习能力、学习问题以及学习态度，进而采取有效的教学方法，选择合适的教学内容，确保教学方法和教学内容符合班级中各个层次学生的实际需求，按照学生的"最近发展区"施教，重新激发起学生学习英语的热情和信心，促使每个学生都可以在自己的目标体系内实现个人的进步，这有利于增强各个层次学生的学习自信心，调动其学习的积极性，发挥其学习的潜能，使每个层次的学生在原有基础上得到最大的进步和成长。

（1）学生分层

教师在进行班级教学的过程当中，将学生分成不同的群体，设置差异化的教学目标，可以在承认学生个体差异的前提下，提高教学的灵活性以及实用性，让学生学有所得，学以致用。第一，教师在开学之初就要全方位了解班级内学生的总体情况，尤其是学生的学习基础、学习能力、学习的情感态度等，先采用动态的随机分组来进行分层教学。第二，在学生经过一个阶段的学习，教师对学生的英语基础、阅读能力、写作能力、表达能力等有了全面的了解之后，教师可以采取同质分组法或异质分组法将班级内的所有学生分为几个层次。这种分层可以是隐性的，也可以是显性的。隐性教学分层只在教师心中有名单，但是学生并不知晓；而显性分层教学是让每一个学生都了解自己在班级内所处的位置。两种方法各有优势，也各有弊端，教师可以根据自己班级内学生的情况来进行适当和综合地选择。

（2）教学目标分层

在对学生进行分层之后，教师还要根据因材施教的原则，按照不同层次学生的分组情况安排差异化的教学内容，在教学目标的制定、教学内容的选择、教学资源的准备等方面进行分层备课和实施。

（3）教学内容分层

在英语课堂教学中，教师要根据分层教学目标，根据学生的实际学习状况，合理选取相应的学习内容，切合不同层次学生的"最近发展区"，充分调动起班级每个学生的积极性，实现真正的有层次的教学。一方面，教师要按照学生英语综合能力的高低，把握好教学内容的结构和层次，实施由低级到高级、由简单到复杂的循序渐进的教学程序；另一方面，教师要鼓励学生超越原有的知识和能力层次，提高英语运用能力，从而不断产生新的学习动力，提高英语学习的自信心。

例如：人教版《英语》九年级全一册Unit 1 How can we become good learners? 单元写作课，教师设计了Brainstorming：How many ways do you know? 让学生自由列举、共同回忆教材中出现过的或自己真正运用的英语学习方法；Classifying：Can you put the word cards in different groups? 通过让学生归类整理，再次巩固记忆效果，帮助学生形成初步的写作思维导图；Selecting：What's the best way for you? Why? 引导学生选出自己最喜欢或最有效的英语学习方法；Evaluating：明确书面表达评分标准，评价同伴英语作文；Polishing：改进自己的英语作文，提升写作水平。教师根据学生的实际英语能力层次而布置不同的学习任务，比如对于英语基础和综合学习能力较弱的学生，只需要完成词汇、句型和语法等回忆巩固等基本写作任务；对于学习层次中等的学生，需要完成结构合理、语言准确的写作任务；而对于英语综合运用能力较强的学生，则需要展示其对新的语言知识的准确而流畅的运用，有创新的想法，能评价同伴作文并提出合理的改进建议。

（4）作业分层

课后作业有巩固知识、提高语用能力和前瞻性学习的功能，由此可见，设计课后作业也是十分重要的教学环节。教师要根据每一个学生的英语学习基础和进步程度布置分层次的课后作业，以满足不同层次学生的学习需求，帮助他们巩固所学知识，提高英语应用能力，提升学习效果。例如在人教版《英语》九年级全一册第六单元阅读课时后，教师布置了分层课后作业，所有学生都要完成作业①Finish the mind map of tea according to the text。另外有两个选做作业：②Introduce your classmates the tea culture according to the mind map。③Search the Internet about tea manners in China and more inventions invented by accident。第一个作业巩固课文基础知识，梳理归纳文章的重要信息；第二个作业是根据思维导图介绍茶文化，属于语言知识和文本信息的运用层次；第三个作业是开放性任务，跳出文本内容，在互联网上搜寻更多茶文化知识和更多意外发明，作业形式更加灵活，让学有余力的学生开阔视野，学习更多的语言知识和文化知识。

（三）教、学、评一体化的初中英语课堂教学效果评价

为了实现课堂目标，教师必须构建与课时目标一致的上课内容和教学方式，也就是将教学目标和核心任务整合到包含评价任务的课堂教学活动之中，确保教学、学习与评价的一致性，从而保证教学的有效性，通过每一节课的教、学、评一致性形成合力，逐步落实英语学科核心素养。

课堂教学评价关注学生的学习过程，教师通过诊断学生的学习问题，找到"最近发展区"，为其提供支架，给予教学反馈，监控和调整教学过程和教学方法，从而实现对教学的有效指导，推动学生进步。课堂教学评价把教师教学、学生学习和效果评价进行一体化整合，收集形成学习证据，为新的学习和教育决策提供参考，实现以评促教，以评促学，教学相长。

1. 评价的主体

在课堂教学中，教师和学生都是评价的主体，在评价过程中，教师应尽量基于自身经验与专业判断考查学生表现，分析学生的得与失，进而为其提供反馈。同时教师也应认识到，学生是学习的主人，应该发挥学生评价主体的作用。为了促进学生承担起评价主体的角色，教师需要下放评价权力，创设课堂评价氛围，例如为学生自评与互评提供学习目标或评价标准，并给予技术上的指导与支持。当然，有时评价也可包括课堂观察者，如教研员、校长、教研组长及其他观课教师等，他们可以根据观察的事实、数据等对课堂教学进行主客观评价，提出教学改进建议。

2. 评价任务的开发

课堂教学评价总是借助具体的运作方法与手段，教师需要选择合适的评价任务，在设计特定测验或评价任务之前，我们应像评价人员一样思考：需要哪些证据来发现学生已经达成课堂教学目标？首先我们需要对各类评价任务有所了解。下面列举两种典型观点。

阿特（J. Arter）和麦克泰格（J. McTighe）把评价任务分为两大类：一类是选择性反应任务，如选择题、是非题、匹配题、填空题、简答题；另一类是建构性反应任务，如表现性任务与传统的论述题。前者主要要求学生建构一个真实存在的成果（书面的、可视的）或者操作（如驾驶、演讲、团队合作、演奏乐器等）来表现他们对任务的理解和掌握程度。

林内（R. L. Linn）和格隆隆德（N. E. Gronlund）认为，评价任务可分为客观题和主观题。前者包括选择题、是非题、匹配题、简答题、解释性练习，其中，解释性练习是由一系列基于同一资料的客观题组成的，这些资料通常以书面材料或图表的形式呈现出来。后者则包括论述题、表现性任务，其中，论述题包括限制性反应题（如，请陈述越南战争和美国先前参加过的战争之间有哪些不同之处）和扩展性反应论述题（如，科学地评价哥白尼的太阳系理论，请用科学观察支持自己的陈述）；表现性任务包括限制性表现性任务（如，用法语大声询问去火车站的方向）和扩展性表现性任务（如，准备一个演讲劝说人们采取保护环境的行动）。

从考察学习目标的角度来看，最为关键的是为学习目标选择合适的评价任务，以便达成评价目的。如果需要了解学生的思维过程，那么选择表现性任务更为合适；如果不需要了解学生的思维过程，选择题也可以考察学生的推理能力。评价任务并无高低之分，各有其适用范围，选择哪种评价任务取决于多种因素。这包括：评价任务必须与学习目标相一致；在条件允许的情况下，尽量设置一些真实性的问题情境；基于实际情况选择题型。例如，虽然表现性任务能更好地体现学生的真实能力，展现学生的表现过程，但如果因其代价过高而导致一些学生没有完成表现任务，那么必须更换为其他题型。

下面我们借用邵朝友在《指向核心素养的逆向课程设计》一书第83页的不同正式评价任务的优点与局限之比较（表1-4-1），综合比较选择题、是非题、匹配题、简答题、表现性任务的使用优点和局限。

表1-4-1

题型	优点	局限
选择题	1. 题意比是非题、简答题清晰明确。 2. 适用于不同层次学习目标的评价。 3. 具有诊断效果。 4. 修改选项可以提高鉴别度或调整难度。 5. 计分迅速、客观。	1. 评价能力限于文字层次，较不适合评价数学、自然与生物科技领域的解决问题技能。 2. 较难研拟高品质题目，尤其是不容易命制具有诱答力的选项。 3. 辨识答案，而非产生答案。 4. 无法评价组织或发表观点的能力。
是非题	1. 适合于评价易误解的信念。 2. 适合评价辨识因果关系的概念。 3. 较其他类型易于命题，且适合多数的教材内容。 4. 计分迅速、客观。	1. 作答最易受猜测因素的影响。 2. 通常仅能评价记忆或理解层次的学习结果，难以评价高层次的认知能力。 3. 试题鉴别度较选择题差。 4. 学生易形成偏"答对"或"答错"反应倾向。 5. 命题欠佳时，误导或抹杀创意。
匹配题	1. 可短期内评价大量相关的事实或概念。 2. 计分迅速、客观。	1. 难以评价高层次的认知能力。 2. 不易寻找性质相同的事实或概念。 3. 辨识答案，而非产生答案。
简答题	产生答案，不受猜测影响。	1. 难以评价高层次的认知能力。 2. 计分费时，较不客观。
表现性任务	1. 对于校内外自然情境中的有着复杂表现的学习目标，可评价其实现情况。 2. 可测量用其他方法无法测量的复杂的学习目标。 3. 不仅能评价完成任务的结果，还能评价任务完成的过程。 4. 体现了现代学习理论，把学生看作意义建构的积极参与者。	1. 计分费时，不客观。 2. 计分标准较其他类型题目难以拟定。 3. 题数较少，内容取样较不具代表性，可能造成教学效度的降低。

从上面的表格内容可以看出各种评价题型各有优缺点，我们需要根据课堂目标、学情和预期结果来选择恰当的评价内容和评估方式。

例如：人教版《英语》九年级全一册Unit 14 I remember meeting all of you in Grade 7！Section B 3a-3b是一节写作课，充分体现了本单元核心任务：能运用所学英语知识写一篇文章，回忆自己过去三年的初中校园生活，并对未来进行展望。教师确立了三个课时目标：

（1）使用思维导图收集描述校园生活的词汇。

（2）在思维导图的帮助下厘清写作结构。

（3）撰写一篇关于学校生活的文章，并依据评分标准进行同伴互评。

在三个目标的导引下，教师设计了相应的评价任务、学习体验和教学。

Task 1 完成关于词汇准备的思维导图，从校园建筑、学习科目、校园节日和教师同伴四个方面为写作做好词汇铺垫。

Task 2 利用思维导图中的词汇，将一段校园生活文章补充完整。

Task 3 再分析文章结构，形成新的思维导图，为撰写自己的校园生活厘清短文的结构。

Task 4 根据两幅思维导图进行过程性写作，并依据评价标准进行同伴互评。

在互评环节，教师给出如下评分细则（表1-4-2），并要求学生和同桌交换作文，互相批改并打分。在对方的作文中找出一个优点，并提出一条改进建议。

表1-4-2

Content-8 （要点齐全）	Language-8 （语言准确）	Organization-3 （结构合理）	Handwriting-1 （书写整洁）	Total-20 （总计）

One shining point：_____

One suggestion：_____

在本节课的尾声，教师进一步设计了学生自评活动：根据课前的教学目标，为自己本节课的学习效果进行评价和打分（表1-4-3）。

表1-4-3

Learning Objectives	Excellent	Good	So-so	Try hard
I can use different words to describe my school life;				
I can write the composition with an appropriate（恰当的）structure;				
I can use the criteria to do peer-editing;				
I can point out the shining point and give suggestions to my partners.				

本节课在清晰准确的评价任务驱动下，教学环节逻辑性强、指向明确具体，特别是写作前学生清楚评分细则，写作中有好作文标准，写作后有多元评价的推进，极大地提高了本节作文教学课的针对性、有效性和趣味性，以及学生用英语写作的质量。

3. 评价标准的制定

课堂评价应为学生提供详细的评价标准，以及反馈信息，激发他们的学习兴趣，从而真正起到促进学生学习的作用。要判断学生对目标的掌握程度，需要研制评价标准。

评价标准可分为整体评价和分项评价、通用评价与特定任务评价。整体评价要求整体地描述和评价学生的不同表现水平，如以下"重庆市中考英语书面表达给分范围和要求"就是一个典型的整体评价例子。

第五档18~20分，完全完成了试题规定的任务。

——含有所有内容，布局合理。

——体现较强的语言运用能力，应用了较多的语法结构和词汇。

——有效地使用了语句间的连接成分，使全文结构紧凑。

——语法结构或词汇方面有些许错误。

——有亮点语句。

第四档16~17分，较好完成了试题规定的任务。

——含有所有内容，布局较合理。

——应用的语法结构和词汇能满足任务的要求。

——语法结构或词汇方面应用较为准确，虽然有些许错误，但不影响理解。

——应用语句间连接成分，使全文内容连贯。

整体而言，较好达到了预期的写作目的。

第三档12~15分，基本完成了试题规定的任务。

——描述清楚主要内容，布局一般。

——应用的语法结构和词汇基本能满足任务的要求。

——语法结构或词汇方面有一些错误，但不影响理解。

——应用语句间简单的连接成分，使全文内容基本连贯。

整体而言，基本达到了预期的写作目的。

第二档8~11分，未较好完成试题规定的任务。

——描述了一些主要内容，写了一些无关内容。

——语法结构单调，词汇知识有限。

——较多语法结构或词汇方面的错误，影响了对写作内容的理解。

——较少使用语句间的连接成分，内容缺少连贯性。

信息未能很清楚地传达给读者。

第一档1~7分，未完成试题规定的任务。

——明显遗漏了主要内容，写了一些无关内容。

——语法结构单调，词汇句子有限。

——大量语法结构或词汇方面的错误，影响对写作内容的理解。

——缺乏语句间的连接成分，内容不连贯。

信息未能传达给读者。

0分，无任何试题要求信息。

——写的内容均与试题内容无关。

——未作答。

分项评价要求对学生表现的不同维度分别进行评分，例如《义务教育英语课程标准（2011年版）》对五级语言知识的语音、词汇、语法、功能和话题分别制定了相应的标准（表1-4-4）。

表1-4-4

语音	1. 了解语音在语言学习中的意义。 2. 在日常生活会话中做到语音、语调基本正确、自然、流畅。 3. 根据重音和语调的变化，理解和表达不同的意图和态度。 4. 根据读音规则和音标拼读单词。
词汇	1. 了解英语词汇包括单词、短语、习惯用语和固定搭配等形式。 2. 理解和领悟词语的基本含义以及在特定语境中的意义。 3. 运用词汇描述事物、行为和特征，说明概念等。 4. 学会使用1500~1600个单词和200~300个习惯用语或固定搭配。
语法	1. 理解附录"语法项目表"中所列语法项目并能在特定语境中使用。 2. 了解常用语言形式的基本结构和常用表意功能。 3. 在实际运用中体会和领悟语言形式的表意功能。 4. 理解并运用恰当的语言形式描述人和物；描述具体事件和具体行为的发生、发展过程；描述时间、地点及方位；比较人、物体及事物等。
功能	略
话题	略

这两种评价标准都有自己的优点和不足，在研制评分标准时要根据目标和实际情况进行选择和使用。

依据评价的范围和指向性，评价标准又分为通用标准和特定任务标准。通用评价标准是指评价规则在相似的任务中通用，尽管这些任务的内容不同，但考察的目标是一样的，如英语学科五级语言知识标准是所有初中毕业生需要达成的标准，尽管学生们使用的教材版本各异。特定任务评价标准只能应用于某种特定的任务，比如上面列举的重庆市中考英语书面表达评分要求就是只适用于中考英语阅卷场，在平时教学中，对学生英语书面表达的评价需要根据特定的教学目标和学生情况来精心制定，以达到反馈真实水平、提供及时帮助、激发写作动机、提升写作水平的目的。

需要特别提出的是，教师开展教学和评价活动时要使学生充分参与其中，在教学目标的框架下，设计有质量的问题，并以解决问题为导向，用提问、观察、表现性任务等方式实施互动评价，及时给予学生反馈，根据学生当前水平与期待水平之间的差距，向学生提供必要的支架，帮助学生取得更大的进步。教师要鼓励学生参与评价标准的协商与制定，从评价的接受者转变为评价的主体和参与者，从而有效调控自己的学习进程并从中获得成就感和自信心。

第五章　基于核心素养下的初中英语单元整体教学的成效

　　基于单元教学设计促进课堂教学转型，探求适合发展学生核心素养的教学模式及方法，这不仅是学科核心素养落地的有效途径，也是对教师的专业素养、教学思维、习惯做法的挑战，更是对学生学习方式、学习品质的一种变革及提升（余文森，2018）。经过三年来持续地学习、实践、反思和改进，教师们在教学理念、教学行为、教学效果和专业发展等方面上取得了显著进步，助推了英语学科核心素养的真正有效落实，全面发挥出了英语学科的育人功能。

一、厘清单元整体教学与英语学科核心素养的内在关联

　　课程标准是教师开展课堂教学的重要依据，《义务教育英语课程标准（2011年版）》（以下简称《义教课标》）提到教师在进行教学设计时应"整体设计目标，充分考虑语言学习的渐进性和持续性"（教育部，2012）。《课标》首次明确指出"英语学科核心素养主要包括语言能力、文化意识、思维品质和学习能力"（教育部，2017），探寻如何培养学生英语学科核心素养也成为广大教师进行英语教学改革的共同追求。

　　在课程发展与教学实践中，"核心素养—课程标准—单元设计—课时计划"是紧紧相扣的一条链条。最上层的一环是核心素养，它是英语课程的宗旨，是教学的最终指向；而单元设计是链条中极其重要的一环，它上承课程标准，下接课时计划。可以说，实施单元整体教学是落实英语学科核心素养的关键举措。

　　在英语学科核心素养的四个维度中，语言能力就是用语言做事的能力，涉

及语言知识、语言意识和语感、语言技能、交际策略等；文化意识重点在于理解各国文化内涵，比较异同，汲取精华，尊重差异等方面；思维品质是思考辨析能力，包括分析、推理、判断、理性表达、用英语进行多元思维等活动；学习能力主要包括元认知策略、认知策略、交际策略和情感策略。核心素养的四个维度在一个课时中难以实现，而一个单元教材内容承载着核心素养的培养目标，开展单元整体教学设计和课堂实施是实现英语学科核心素养的重要途径。初中英语教学应从学科育人的角度出发，以单元为依托，以主题为引领，统筹设计基于主题意义探究的单元学习体验和教学，为学科核心素养的有效落实提供路径。

二、提炼基于核心素养下的初中英语单元整体教学模式

经过三年多课题实验探索，我们提炼了核心素养下的初中英语单元整体教学模式：用核心素养的四个维度分析单元教材—制定单元教学目标—确立单元核心任务—基于单元主题及对主题意义的探究整合教材内容—划分单元课时计划—确立课时目标—设计课时评价任务—设计相应的学习活动—开展单元教学效果测评。

教材是教师开展教学设计的重要来源，但是有相当多的教师过于依赖教材，往往按部就班地针对每一课时开展教学设计，且只注重英语知识和技能训练，而对更深层次的影响学生长远发展的思维方式训练、文化品格熏陶、学习能力提升等方面的关注不够，使得通过课堂教学来落实学科核心素养的目标成为一句空谈。我们的教学设计充分依托教材内容，但并不局限于教材本身，需用核心素养的四个维度去深度分析教材，基于单元主题及对主题意义的探究，有序整合增删教学内容、整体设计教学目标、梯度设计教学活动，使得单元各课时之间的目标设计、过程设计、活动设计等具有延续性和递进性，确保单元整体教学的效果大于各个课时的教学效果之和。

在对核心素养四个维度的单元教材分析之后，我们进一步确立明确具体、素养化的单元教学目标，确定单元核心任务，即经过听、说、读、看、写之后的单元综合性的大写作任务，这个核心任务集中体现了本单元新的语言知识在新的语境中的运用，考察了学生的迁移运用能力和逻辑思维、批判性思维及创新思维能力，单元核心任务是单元目标达成度的集中展示。在确立单元目标和

核心任务之后，我们再一次深挖教材，根据单元主题及主题意义探究这根主线来划分课时内容、制定课时目标，在此基础上，开展逆向设计，即制定课时目标之后紧接着设计课时评价任务，再在评价任务的驱动下安排教学活动，以确保教学过程的针对性和实效性，实现课时目标、单元目标的最终达成。在单元学习结束之时，安排单元检测活动，进一步反思单元目标、核心任务是否落实，进而采取相应的补救措施，让每一个学生真正地学有所获。

《课标》首次提出了英语学习活动观，即"学生在主题意义的引领下，通过学习理解、应用实践、迁移创新等一系列体现综合性、关联性和实践性等特点的英语学习活动，使学生基于已有的知识，依托不同类型的语篇，在分析问题和解决问题的过程中，促进自身语言知识学习、语言技能发展、文化内涵理解、多元思维发展、价值取向判断和学习策略运用，这一过程既是语言知识与语言技能整合发展的过程，也是思维品质不断提升、文化意识不断增强、学习能力不断提高的过程"（教育部，2017）。

英语学习活动观特指的对象是学生，它强调设计一系列贴合学生生活的、基于学生已知再到未知的具有系统性、情境性、过程性的学习活动；在学习活动的实施过程中，鼓励学生参与其中，结合所学、所思理性地发表见解看法，展示自己的才能，以此调动学生学习的主动性和积极性。从学习活动的目标指向来看，它强调不但要关注对学生语言能力的培养，更要注重对其思维方式训练、文化意识积淀和学习能力的培养。由此可知，学习活动观不论是其所指的对象、活动的设计，还是目标的指向，都体现了强调学生主体地位的特点。

基于核心素养的初中英语单元整体教学强调，无论是目标的设定、评估任务设计、教学内容的选取、教学活动的安排，还是单元学习的评价方式和内容，都需要分析学情，即对学生的语言知识和技能、认知水平和特点、个人兴趣爱好、生活经验等基本情况进行分析，依据学生学习的现状和起点，设计更符合学生学情的单元教学目标，选择更贴切的单元教学内容，设计更能激发学生学习兴趣和动力的单元学习活动。在基于核心素养的初中英语单元整体教学实践中，我们特别强调学生学习的主体地位，通过创设基于主题意义探究的学习活动，确保学生在参与活动的过程中提升自身的语言能力素养、文化意识素养、思维品质素养与学习能力素养。

三、促进教师正确把握核心素养下课程改革的思想和理念

通过开展"基于核心素养下的初中英语单元整体教学策略的行动研究"的课题实验，教师们对新一轮基础教育英语课程改革的思想和理念把握得更加精准，其教学设计和课堂实施的能力得到整体的明显提升。下面列举几个教师常见的提问以及我们对这些问题的解答。

1. 英语学科核心素养与"双基""三维目标"的关系

普通高中英语课程强调对学生语言能力、文化意识、思维品质和学习能力的综合培养，具有工具性和人文性融合统一的特点。高中新课标第一次提出了英语学科核心素养的四个维度。英语"双基"指的是英语基础知识与基本技能，而"三维目标"超越了基础知识与基本技能，它还涉及过程与方法、情感态度价值观。从"双基"到"三维目标"的提出体现了学科目标对人的发展的深入观照和理解，但"三维目标"还没有从整体教育目标角度思考英语学科对于培养一个人有何独特的贡献与价值，而学科核心素养恰恰回应了这个问题。具体来说，英语学科核心素养是对"三维目标"的进一步发展，以人的发展为旨向，特别强调英语学科对发展学生思维品质的作用，这一点是"三维目标"所没有特别关注的。从"双基""三维目标"到核心素养显示了英语学科教育对人的发展的关注和独特价值。

2. 单元主题、主题意义、单元大观念的关系

高中英语新课标把探究主题意义作为教和学的核心任务，但并没有对主题意义加以明确定义。苗兴伟、罗少茜（2020）对主题意义和语篇内容的关系做了很好的论述：主题内容在语篇中涉及"发生了什么？（What is going on？），即语篇是关于什么内容的"，"主题内容是语篇主题意义的体现方式"，并阐述了主题语境与主题意义的关系，即"主题意义是主题语境（人与社会、人与自然、人与自我）在具体语篇中的体现"。赵东亮（2021）认为：主题意义是人们借助文本所传递的对某一事物所持的思想、文化、情态、态度、价值观等，反映主题语境（人与自然、人与社会、人与自我）的某个侧面。比如：人教版《英语》八年级下册Unit 7 What's the highest mountain in the world？主题语境是人与自然，单元话题是世界知识（Facts about the world），功能是谈论地理与自然（Talk about geography and nature.），主题意义是了解神

秘的大自然、保护大自然（Learn about the nature and protect the nature）。

单元大观念可以理解为从零散概念中统整或提炼出来的上位观念，即把有限的、深层次的重要观念进行有意义的联结，共同构成学科的连贯整体，使学科不再呈现为碎片化概念、原则和过程。大观念集中体现学科本质性的思维方式和核心观点，是统领教学设计的核心理念，也是"学生深入挖掘学科内核的概念锚点"（王蔷等，2020）。

就英语课程而言，大观念既有宏观层面关于英语课程本质和内涵的大观念，也有相对微观层面的有关语言知识的内涵和教学的大观念。对教师而言，它可以是统领教学设计的核心理念；对学生而言，它则是完成学习后生成的认知结构、解决问题的思想和方法，以及价值观念，应该是能够对学生一生产生深远影响的观念，并会持续影响其品格、品性和行为表现的观念。比如：高中英语新课标规定了英语学科的性质是工具性与人文性，英语活动观、核心素养目标等都属于大观念；对于一个单元的教学内容而言，对单元主题意义的探究也就是对大观念的探究，比如"认识大自然、科学地保护大自然"就是单元大观念，它就像一根主线串联起整个单元的知识点，有助于知识、技能和思维的整合。

3. 在课堂中实施核心素养

有的教师已经习惯教学语言知识与技能，如何让他们在课堂中实施核心素养目标？对于习惯以英语知识点为单位开展教学的教师，需要在教学设计和课堂教学中改变传统的以语言知识和技能为唯一目标的灌输式教学，要避免"只见树木，不见森林"的零散式的课时目标与唯教材论的教学内容安排，引导教师开展基于核心素养的单元整体备课，在设计目标时需要联结核心素养，确定素养化的、综合的、相互关联的单元目标，尤其要在单元设计中注重大观念、主要问题。同时，教师需要有意识地设计综合性的活动或任务，比如把对单元主题意义的探究作为主线，设计前后联系、层层递进的问题和表现性任务，通过真实情境的创设，以及基本问题的设计，让学生在解决问题、完成任务的过程中学习、巩固和运用语言知识、语言技能，同时关注思维品质的培养和文化意识的培养，从而在课堂上全面落实英语学科核心素养。教师在整体规划课程方案时，应不时地问自己：我是否按照核心素养的四个维度分析了教材内容？基于这样的教材分析，我需要制定哪些目标？这个单元的核心任务是什么？需要设计什么样的评估任务和评价量表来检验目标是否达成？本单元的主题和主题意义是什么？我是否根据单元主题意义完全厘清了单元的脉络？如何划分本单元的课时计划？每个课时的重难点是什么，指向哪些核心素养？基于学科核心素养选择哪些教学方法？还需要增删哪些教学资源？只有非常明晰了以上这些基本问题，才有可能实现英语学科核心素养，达到学科育人的目的，最终落实英语学科总目标：培养具有中国情怀、国际视野和跨文化沟通能力的社会主义建设者和接班人。

4. 逆向设计

逆向教学设计相对于传统教学设计具有明显的优点：①教学的针对性和有效性增强。在传统的英语教学中，教师习惯按照教材内容设计教学环节，比较容易忽略教学目标的制定，或者即便有目标设计，但是往往目标成为摆设，没有真正起到统领教学的作用。逆向教学设计要求根据课标、教材和学情精准制定教学目标，然后以目标的最终达成为出发点，设计与之相匹配的可接受的证据，即评估任务，然后确定学习体验和教学等一系列学与教的活动，最后再一次检验教学效果。②凸显了学生学习的主体地位。逆向教学设计始终为学生的学习效果服务，目标、评价以及教学活动始终围绕学生的真正学习而展开，评价指向目标的达成。评价的即时性能够促使教师和学生积极反思自己的教与学的过程和效果，随时调整和弥补不足之处。逆向教学更加关注过程性评价，把评价贯穿每个教学步骤和课堂活动，采用师生多元评价的方式，增强了师生的目标意识、效率意识和质量意识，提高了学生学习的动机和积极性。

5. 初中英语单元教学实施

在开展基于核心素养的初中英语单元教学时，怎么看待和使用教材？

目前，对于教材观有两个极端观点：一个是认为教材仅仅是教学辅助资料，可有可无；另一个则相反，把教材"神圣化"，认为教材是权威，必须完全按照其编写内容和顺序开展教学。其实这两个观点都比较偏颇。那我们怎样正确看待和处理教材呢？首先，要以教材为中心，设计和实施单元教学。现行教材都是在新课标理论下，为了达成课程目的而编写的。它集中了众多专家、学者的专业智慧和学科水平。它是学科知识的精华、智慧的结晶。教材不是一般的材料、读物，它是根据课程目标和学生身心发展规律和认识特点，专门研制和编写的文本，适合相应特定阶段的学生学习，具有一定的权威性。我们必须以教材为中心开展教学设计、组织课堂教学活动和实施课堂评价。其次，要防止把教材"神圣化"，其一是教学内容的窄化，只教教材的内容，不敢越雷池半步；其二是把教学内容"神圣化"，一切以教材的内容、观点和表述为标准，思维被格式化了，没有教师个性化和批判性的思想。由此可见，一方面我们要致力于准确地、深度地挖掘教材的内涵，充分地学习、领悟、吸收和内化教材的智慧，防止对教材的误读和浅读；另一方面，我们要鼓励对教材的个性化和批判性解读，根据需要适当地调整教材。最后，要从"教教材"转向"用教材教"，教师需要结合自己对英语学科核心素养、课程标准、教学目标的理解，通过对学生的实际学习情况、个性特征、自身条件的了解，对教材进行恰当地情境化处理，适当地增加、删减、替换和整合教材资源，以便为核心素养下的初中英语单元整体教学和提高课堂教学质量而服务。

（上篇内容为张理英所写）

下 篇

单元教学设计与优秀课例

第一章　人教版《英语》（Go for it！）七年级上册

Unit 3 Is this your pencil？ Section B 1a—1e 听说课

许 丹

一、单元整体分析 Unit Analysis

本单元是人教版《英语》七年级上册的第三单元，主题语境是人与社会，单元话题是things in the classroom，主要谈论教室里的各种常见物品，以及物品的归属。

在内容编排上，Section A主要通过听、说的方式介绍了教室里的各种常见物品，并在听力2a、2b 和 Role play 2d 中引出形容词性物主代词和名词性物主代词的用法。逐步从简单物品的名称过渡到谈论该物品的归属，给学生提供了充分的语言支架。Section B 延续了这一编写特色，通过听说课复习常见物品及归属。通过寻物，引导学生思考帮助他人的真正价值。阅读板块，通过阅读公告栏的启事，继续帮助学生了解如何写公告栏寻物。写作板块的教学内容要求学生以书面语篇的形式写一则自己的寻物启事或者失物招领启事。

通过对以上单元教材的整体分析，我们厘清其主题意义就是：通过认识教室里的常用物品，并帮助他人寻找物品，或向他人求助寻找自己的物品，学习用英语与人沟通和相互帮助，提高跨文化交际意识，并增强学生对中国传统"赠人玫瑰，手留余香"文化的自信心和自豪感。

二、单元教学目标 Unit Goals

1. 语言能力目标

听懂教材九个词汇（baseball，watch，computer game，ID card，key，notebook，ring，pen，bag），并且通过看图或看实物就能说出和写出相对应的单词。正确使用形容词性物主代词和名词性物主代词。使用所学的单词、语法和句型正确进行语言交际，帮助他人寻找物品。

2. 文化意识目标

通过听说课的寻物活动，学习拾金不昧，积极帮助他人寻找失物的品质。体验"赠人玫瑰，手留余香"的愉悦感。归还物品说，Here you are! 得到帮助说，Thank you! 或者Thank you for your help!

3. 思维品质目标

通过句型练习，学会用英文思考，进行语言交际。通过模仿示例，有条理地创作对话，帮助他人寻找丢失的物品。

4. 学习能力目标

学习分音节记忆单词的能力，优化记忆效果。学会听力技巧：首字母代替整个单词，提高听力填空的效率和正确率。模仿教师提供的对话材料，自己编写对话并进行表演。初步学习如何创建个性化笔记，将思维运用进笔记（making notes instead of taking notes），使所学知识成为一个完整的体系。

三、单元核心任务 Core Task

用英语写一则"Lost" or "Found"，进行寻物或帮助他人寻物。

四、单元学习划分 Unit Plan（图2-1-1）

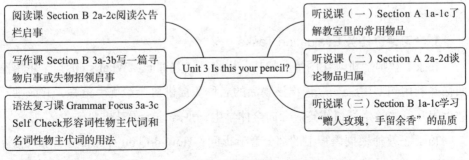

图2-1-1

五、本课时教学设计 Teaching design

1. 教学内容分析 Analysis of Teaching Contents

本单元话题是things in the classroom，主要讨论教室里的常用物品以及如何对这些物品进行失物招领。学生通过活动，学习"赠人玫瑰，手留余香"的中国文化价值观。本课时是本单元的第三课时，授课内容是Section B 1a-1e 谈论如何进行失物招领。在整体单元教学任务中，这个部分本着系统化原则、渐进性原则、连贯性原则和有效性原则，在本单元中承担着复习单词、练习句型和拓展语言以及为后面写作"Lost or Found"部分起到铺垫的作用。同时了解西方文化礼仪，比较文化异同，增强跨文化意识和文化自信。

2. 课时教学目标 Teaching Objectives

（1）学生能利用音标知识正确拼读本课生词：baseball，watch，computer game，ID card，etc.

（2）学生通过听关键词和运用速写技巧，正确并快速完成听力任务。

（3）学生能在相应语境中正确使用本课时核心句型：

Is this your ...? Is this...yours?

Yes，it is. That's mine.

No，it isn't. I think it's his.

Thank you！/ Thank you for your help.

You are really a helping hand！

（4）学生能在两人小组、多人小组等团队活动中谈论如何寻物并表达感谢和如何帮助他人寻找失物，体会"赠人玫瑰，手留余香"。

（5）学生能将自己所学知识形成完整的体系，将思考可视化并记录下来，创建个性化笔记。

3. 学习评价任务 Evaluation Tasks

Task 1 教师随机遮住图片上的某一样物品。并询问：What's this？学生快速回忆并利用句型It's a/an...说出该物品的名称。提供机会给优生抢答，并鼓励不敢大胆开口的学生开口作答。面向全体学生，平等地给予其机会。

Task 2 教师根据黑板上的部分音节提问：How do you spell...？学生根据读音规则拼出该单词的全部拼写。鼓励不敢大胆开口的学生，增加他们开口发言的信心。

Task 3 学生听前学习了"首字母代替整个单词"的听力技巧之后，教师再次播放section B 1c的两段听力材料，学生带着任务和要求去获取关键信息，准确填写表格，完成相应任务，随机抽取学生检验完成效果。

Task 4 教师给出一段对话，里面有五处句子空白。学生从七个句子选项中选择五句合适的句子完成对话。

Task 5 开放性任务：小组合作，学生四人一组，根据教师提供的物品，运用本课重点句型帮助他人寻物，随机抽取学生小组交流展示。通过小组互评，选出优秀小组。

Task 6 家庭作业：针对中下成绩的学生，只需要回忆课堂笔记，并将其填补完整即可；针对思考能力较好的学生，可以创建自己的笔记，便于学生创造性思维的培养。初步学习将思维可视化，并将所学知识形成完整的体系，为后期英语学习打下良好的基础。

4. 教学活动与设计意图 Teaching Procedures & Purposes（表2-1-1）

表2-1-1

教学步骤 Steps	教学活动 Activities	设计意图 Purposes
复习及 引入	变魔术：教师从魔术袋中变出物体 eraser 和 ruler，随机选取学生提问与该物体相关的问题，根据回答，找到相关物主。	1. 活跃气氛，吸引学生注意力的同时复习旧知识，并为新课做铺垫。 2. 复习单词 eraser 和 ruler。 3. 通过询问和要求学生询问，复习句型。 What's this? What's your name? What color is it? It's ... Is this your ...? Yes, it is. No, it isn't . 4. 通过活动，初步感知help 和a helping hand 并引导学生争当 a helping hand。

续 表

教学步骤 Steps	教学活动 Activities	设计意图 Purposes
学习新 单词	教师展示课本壁橱图片，引导学生认识壁橱里的物品图片，学生利用已学句型自问自答：What's this？It's a/an....	1. 初步认识新单词； baseball，watch，computer game，ID card，key，notebook，ring，pen，bag。 2. 复习句型； What's this？ It's a/an ...
	男女生竞赛：教师随机遮住图片上的某一样物品。并询问：What's this？学生快速回忆并利用句型It's a/an....说出该物品的名称。	1. 新单词加深认识。 2. 提供机会锻炼学生看图片说英语的能力。 3. 提供机会给优生抢答，并鼓励不敢大胆开口的学生。面向全体学生，平等地给予其机会。
	男女生竞赛——拼写单词：教师根据黑板上的部分音节提问：How do you spell...？学生根据读音规则拼出单词的全部拼写。教师根据学生的回答，在黑板上按音节粘贴单词拼写。	1. 落实单词拼写。 2. 学习自然拼读法：音节拼写。 3. 反复听句型：How do you spell it？并快速做出反应。 4. 鼓励不敢大胆开口的学生。面向全体学生，平等地给予其机会。
听力 训练	教师播放听力材料（两段对话），学生初听对话，并在图片上圈出听到的物品。	1. 初听材料，提炼关键词。 2. 将听、说、读、写、看五大技能中的听与看的能力相结合。
	教师再播放一遍听力材料conversation 1；教师教授听力技巧——"首字母代替单词"，学生听材料并根据听力内容填出相应的单词。然后在教师的填空题目引导下，复述主要内容，练习形代和名代的转换。	1. 进一步听懂材料内容，明白Linda丢失了手表和身份证。 2. 学习听力技巧—"首字母代替单词"。 3. 复习形代和名代的转换，并加深理解学习单词lost及句型sb. lost sth。
	教师再播放一遍听力材料conversation 2，学生听材料并根据听力内容，利用听力技巧，填出单词，然后在教师的填空题目引导下，复述主要内容，练习形代和名代的转换。	1. 进一步听懂材料内容，明白Mike丢失了笔和棒球。 2. 继续练习听力技巧——"首字母代替单词"——"首字母代替单词"。 3. 再次复习形代和名代的转换，并加深理解。 4. 进一步学习单词lost及句型sb. lost sth。

续 表

教学步骤 Steps	教学活动 Activities	设计意图 Purposes
听力 训练	教师引导学生进行同义句转换，并在黑板上板书形代及相应的名代。	帮助学生整理形代和名代的规律。学生在大脑中将知识形成体系
句型 操练	教师扮演魔法师，变走学生手中的物品，并给予干扰。鼓励同学们通过利用句型对话，帮助该生找回物品。	1. 将新单词、形容词性物主代词和名词性物主代词三种知识融入句型。 2. 将听力所学用于实践。 练习句型表达丢失物品 I lost my .... Is this your ...? Is this ... yours? Yes, it is. That's mine. / No, it isn't. 3. 练习情景交际中的礼貌部分Here you are! 和Thank you!
	口语运用（七选五）：教师给出一段对话，里面有五处空白，学生从七个句子选项中选择五句合适的句子完成对话，然后有感情地朗读对话。	1. 落实所学口语句型知识于中考题型。 2. 将对话范本作为下面小组活动的模板，让学生熟悉。 3. 启发学生朗读英语时，抑扬顿挫，带有感情。理解语言背后的人文情感。 4. 启发学生使用更多丰富的语言，使英语学习更具时效性。 例如： I think it's hers. Mine is yellow. You can ask Mike. Thank you for your help. You are really a helping hand.
合作 学习	Group work: 教师将学生分为六组，随机分配给每组一个主题物品。六组学生根据所学单词和句型，利用教师分配的物品，以 "Lost and Found" 为主题，编一段对话。	1. 将课堂所学迁移到真实语境，并创造性地整合学习内容。 2. 提供一个平台，让学生的核心素养得到综合体现。 3. 让学生合作学习，面向全体，平等、民主。

续　表

教学步骤 Steps	教学活动 Activities	设计意图 Purposes
合作 学习	学生们根据教师提供的评价标准，对其他同学的表演进行评价。	4. 让学生在评价中学会上听说课，应该既要学习正确的语音语调，大声模仿练习，还要把握课堂重点，联系实际加以运用。 5. 升华情感价值观渗透：The roses in her hand，the flavor in mine. 赠人玫瑰，手留余香。 6. 帮助学生努力成为一个拾金不昧、乐于助人，有责任、有担当的人。
总结 课堂 内容	1. 教师利用板书总结今日学习重点词汇和句型。 2. 利用魔法师身份，将所学知识整合成生动的图形："赠人玫瑰，手留余香"。 3. 学生跟着教师的引导，复习今日所学。	1. 课堂内容条理清晰再现，让学生加深印象。 2.学生利用Students Sheet对今日课堂所学一目了然，便于复习总结。
家庭 作业	1.将课堂编的对话写下来。 2.复习课堂内容，补全笔记。或者自创一个更好的思维可视图，使知识成体系。	1. 课堂学习反馈。便于教师掌握学生课堂学习效果落实情况。 2.便于学生反思课堂内容，落实学习知识。 3. 开放性作业，创建自己的笔记，便于学生创造性思维的培养。 4. 将所学知识结构化，便于理解和记忆，为后期英语学习的思维品质打下良好的基础。

学生评价表

Assessment 评价标准

	Standards	Yes	No
	Good sentences 使用今日所学句型		
	Possessive Pronouns 正确使用人称代词		
	Good Pronunciation 发音标准声音洪亮		
	Good Performance 表演自然大方		
	Teamwork 团队合作 参与面广		

5. 板书设计与设计意图 Blackboard Design & Purpose

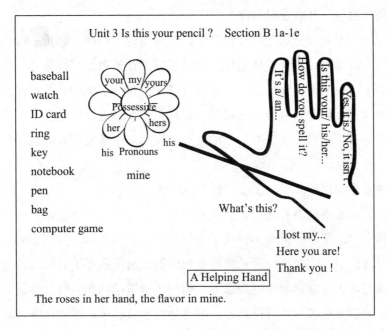

通过思维导图板书设计，学生对本课时内容进行结构化学习和回顾，更好地帮助学生提炼本课内容框架和骨架知识，帮助学生记住本课关键知识、信息，促进知识迁移和灵活运用。

六、课例评析 Case Analysis

本节课是一节听说课，听说结合，输入、内化、输出有机整合，学生在听说任务中实现词汇、句型和语法的感知、体验和运用。

根据教学设计和教学实施的情况，本节课有以下几点值得学习和借鉴。

1. 聚焦主题，体现意义探究

指向学科核心素养的英语教学应以主题意义为引领，以语篇为依托，整合语言知识、文化意识、语言技能和学习策略等内容，创设具有综合性、关联性和实践性的学习活动。

本课例在things in the classroom话题下，学习寻物和失物招领，探究"赠人玫瑰，手留余香"的中国传统价值观。学生们完成听、说、讨论、展示、评价等系列任务，所有这些活动都置于主题情景Lost and found活动中，活动彼此关联，体现逻辑性和层次性，实现对主题活动"赠人玫瑰，手留余香"文化意识和文化自信的培养。

2. 聚焦目标，开展逆向设计

本课例在单元整体教学设计框架下，充分体现了目标—评价—过程的逆向设计思想，总体设计单元整体目标，课时目标为达成单元目标服务，在本课时目标导引下，精心设计评价任务，评价任务是为检测学生的学习目标达成情况而设计的检测项目，与目标一一对应，促成教学活动的针对性和实效性，在主题语境中贯穿听、说、读、看、写的活动，在活动中落实语言的运用和评价，实现了目标、教、学、评一致。

3. 注重建构创新形式，注重培养创新思维

学习是基于语篇内容建构新意义的过程。本课例通过创新地改编教材，创设一系列有效的问题和活动，促成了学生与文本、与教师、与同学的互动。在听力练习过程中，将教材1d听录音写单词的形式改编成了听对话、补全单词、完成对话的形式。帮助学生创新思考如何利用所学单词和句型帮助他人和自己寻物，引导学生从多角度进行思考，激活学生创新思维、逻辑思维，理性表达自己的观点，在多元评价标准下，实现情感升华和新思想建构。

4. 根据不同学情，安排不同的任务，关注到每个学生的发展

教师在课堂上设定的任务有浅有深，有个人回答，有合作表演，有同桌互助，有小组讨论。给每个学生以机会，鼓励内向学生发言，给优生表现的机会和创造的空间，可以说是关注到了每个学生的发展，给大家提供了平等的机会学习，从而去获得自己的进步。

Unit 4 Where's my schoolbag? Section B 2a-2c 阅读课

樊欣灵

一、单元整体分析 Unit Analysis

本单元是人教版《英语》七年级上册的第四单元，主题语境是人与社会，单元话题是房间里的物品，通过图片、对话和语篇的形式让学生从听、说、读、写、看几方面学习房间里的物品以及它们所在的位置。

在内容的编排上，Section A围绕学生日常生活的物品，通过图片、录音引导学生学习描述物品的位置。通过图文和听力导入整个单元的语境、话题，并通过寻找物品的活动，使学生不断接触并使用句型Where's...? /Where're...? It's on/in/under...和方位介词on，in，under。2d呈现了一个丢三落四的孩子出门前和妈妈之间的对话，给学生提供了一个完整的语境，进一步熟悉描述物品位置的目标语言。Grammar Focus首先通过表格的形式总结了本单元的目标语言，即Where引导的特殊疑问句以及含有方位介词on、in、under的答句。通过3a-3c有层次的活动安排，学生从关注语言形式到关注语义，以及最后完成比较真实的语言运用活动，即通过学生的相互问答，发现两幅图之间的差异。Section B在Section A所学知识的基础上，巩固了本单元的句型结构。通过看图配对和听力任务的完成，学生进一步学习物品的单词。在2b通过阅读提取信息，并判断Kate和Gina谁的物品更整洁，渗透了应合理摆放物品的思想，帮助学生反思日常行为，养成良好的生活习惯。3a和3b的写作训练把本单元的语言功能落实在笔头上，帮助学生实现综合运用本单元所学知识描述物品位置的教学目标。

通过以上对单元教材的整体分析，我们探究出本单元的主题意义就是通过对房间里的物品以及位置的学习，让学生能动手整理自己的物品，培养学生整齐摆放物品的生活习惯，增强学生为创建美好环境做出贡献的责任感。

二、单元教学目标 Unit Goals

1. 语言能力目标

通过看、听、说、读等方式，学生能够正确使用一些物品词汇table，bed，sofa，chair，desk等，介词on，in，under，并能使用where引导的特殊疑问句询问和描述物品位置。

2. 文化意识目标

通过对听力文本和阅读文本的深度挖掘，学生能够了解应该合理摆放物品，反思自己的日常行为，结合实际为打造美好环境付诸行动，培养其社会责任感。

3. 思维品质目标

通过听力、阅读和写作等活动，学生能对比物品的位置摆放，并能分析现象背后的原因，提高推理和判断的能力。

4. 学习能力目标

通过听力和阅读任务的训练，学生能够在听和读的过程中寻找关键词，能够使用略读和寻读来获取信息。

三、单元核心任务 Core Task

用英语描述房间里的物品和所在位置。

四、单元学习划分 Unit Plan

Unit 4 Where's my schoolbag？描述房间里物品的位置。

1. 听说课

（1）Section A 1a-1c学习房间里的物品和询问位置。

（2）Section A 2a-2d角色扮演介绍物品位置。

（3）Section B 1a-1e进一步学习物品并描述其位置。

2. 阅读课

Section B 2a-2c了解两姐妹房间里的物品及其位置。

3. 写作课

Section B 3a-3b描写房间里的物品及其位置。

4. 语法复习课

Grammar Focus & Self Check总结归纳Where引导的特殊疑问句和含有介词on、in、under的答句。

五、本课时教学设计 Teaching design

1. 教学内容分析 Analysis of Teaching Contents

本课时的教学内容是人教版教材七年级上册第四单元的第四课时，主要内容是通过阅读讨论物品的所在位置这一话题，训练学生的听、说、读、写四项基本技能，让学生通过复习一些物品的单词及方位介词 on、in、under、

behind等的用法，使学生进一步体会基本句型"Where's ...? It's ..."及
"Where're...? They're ..."，学会运用方位介词on、in、under来表达物品
的位置。理解连词and在句子中的用法。通过以上几个方面的学习，使学生
掌握物品词汇，识别不同物品的位置；促使学生了解自己的生活和学习环
境，培养学生整齐摆放物品的好习惯。本课时的话题内容与学生的实际生活
联系紧密，学生们容易接受，也便于形成英语学习的兴趣，坚定学好英语的
信心。

2. 课时教学目标 Teaching Objectives

（1）通过自学拼读音标，学生能正确读出以下词汇：tidy，but，our，
everywhere，always。

（2）能运用略读和寻读这两种阅读策略获得相关信息。

（3）通过关键信息的提示，学生能正确运用目标语言复述阅读文本内容。

（4）能听懂对物品的位置描述动手整理自己的课桌，并描述物品位置。

（5）通过小组合作，能创造性地为打造整洁的教室设计标语，并且能流利
地表达设计理念。

3. 学习评价任务 Evaluation Tasks

Task 1 学生通过Kate物品的板书信息，运用本单元学习的句型连词成句并
会话操练。

Task 2 学生朗读课文中描述Gina物品的部分，感知某些单词的重读和语篇
中的情绪。

Task 3 幻灯片以文字和图片的双重形式呈现整篇课文的关键信息，学生根
据提示完成对课文的复述。

Task 4 三名学生上台比赛整理课桌，学生运用本单元的目标语言介绍课桌
整理后的情况。

Task 5 小组合作，为教室设计标语。学生上台展示并解释设计理念，用本
单元所学知识介绍理想教室的物品摆放。通过小组互评和师生共评的方式评出
最佳小组。

4. 教学活动与设计意图 Teaching Procedures & Purposes （表2-1-2）

表2-1-2

教学步骤 Steps	活动 Activities	设计意图 Purpose
Warm up	活动1：观看歌曲视频 教师为学生播放含有方位介词的英文歌视频，学生拍手并大声跟唱。	营造良好的学习氛围，唤起学生的注意力，激发学生的学习热情。
Lead in	活动2：I say, you draw 教师口头说出包含物品以及其位置的英语句子，学生以最快的速度抢到机会举手并上台画出物品及位置。	用挑战的游戏，激发学生的好胜心，既巩固了单词和句子，练习了听力以及从听力中获取信息的能力；又活跃了课堂，唤起学生注意力，激发学生的学习热情。
	教师提问："Do you think the room is tidy or not tidy？"学生给出不同意见的回答。 翻开课本，做好阅读准备。 课件出现Kate和Gina的照片。 教师板书Kate和Gina的名字。	让学生通过上一活动在黑板上画出来的房间局部物品判断房间是否整洁，并发表不同意见，形成阅读需求。
Pre-reading	播放课文音频，设置问题：Is Kate tidy? Is Gina tidy? 学生听录音，回答问题。	让学生在问题的驱动下听文章，获取文章大意。
While-reading	利用PPT呈现Kate的图片和阅读问题表格；学生在教师的引导下阅读短文，获取相关信息。	通过对关键词的搜索，培养学生获取相关信息的能力。
While-reading	活动3：连词成句 教师给出任务要求：make sentences with the words。 学生通过板书的信息，运用本单元学习的句型进行会话操练。	从单词到句子，帮助学生构建语言知识，着力于语言能力和思维品质的培养。
	利用PPT呈现Gina的图片和阅读问题表格；学生在教师的引导下阅读短文，获取相关信息。	通过对关键词的搜索，培养学生获取相关信息的能力。
	活动4：小组讨论 教师发问：Gina的keys, ruler和schoolbag到底在哪里，学生在小组内进行讨论，并表达各组的看法。	通过讨论，能启发学生的思考，通过对Gina房间其他物品位置的分析，培养学生推理和判断的能力。

教学步骤 Steps	活动 Activities	设计意图 Purpose
While-reading	活动5：朗读，体会 1. 教师领读该部分课文，强调某些单词的重读和情绪。 2. 抽个别学生模仿语言中的重读和情绪。 3. 全班集体朗读，再次体验语言的情感和奥妙。	通过教师示范朗读、学生单独朗读和集体朗读的形式让学生体会和感受语言中的情感。
Post-reading	幻灯片以文字和图片的双重形式呈现整篇课文的关键信息，学生根据提示完成对课文的复述。	通过对文章的复述，检测学生对课文的理解和口头输出，同时培养学生归纳总结的能力。
Application	1. 呈现学生的三张不整洁的课桌，让学生明确任务需要。 2. 学生跟随音乐整理自己的课桌。 活动6：PK 1. 三名学生上台比赛整理课桌，最快完成的学生得分。 2. 教师询问整理后的情况，学生介绍课桌整理后的情况。	通过学生自己动手，并把课文中学习的知识应用到生活中，增加学习的乐趣。
	活动7：Group work 1.学生分小组合作，为教室设计标语。 2. 学生上台展示并解释设计理念。 3. 通过小组互评和师生共评的方式评出最佳小组。	通过讨论，提高学生综合语言运用的能力。让学生将所学语言运用到实践中，做到学以致用。
Application	活动8：思考 教师设问："What is to be tidy?" 学生思考并回答。 教师在学生们回答了之后进行归纳和总结。	挖掘课文的教育意义，通过设问启发学生深度思考，并能组织语言表达。
Summary	播放视频，激发学生对自己学校和城市的热爱之情。 教师引导学生一起说出观后感悟："To Be Tidy, You And Me。"	让学生明白要合理摆放自己的物品，养成良好的生活习惯，做爱整洁的学生，建设美丽校园和文明城市要靠每个人的努力。将本堂课的德育目标落到实处，实现人文课堂的宗旨。

5. 板书设计与设计意图 Blackboard Design & Purpose

Unit 4 Where's my schoolbag?

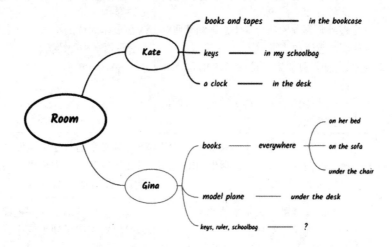

通过思维导图板书设计，对文本内容进行结构化梳理，更好地帮助学生提炼文本内容框架，并对Kate和Gina的物品及其摆放有直观的呈现和对比，培养学生的抽象概括能力和分析判断能力。

六、课例评析 Case Analysis

本节课是一节阅读课，始终围绕"房间里的物品"这一话题，沿着"有什么物品"和"它们放在哪儿"这一条主线，通过感知、体验、实践、参与和合作等方式共同完成教学任务。

根据教学设计和教学实施的情况，本节课有以下几点值得学习和借鉴。

1. 深挖主题意义，结合当下实际

本课例以主题意义为引领，以语篇为依托，整合语言知识、文化意识、语言技能和学习策略等内容，创设了具有综合性和实践性的学习活动。通过语篇的学习，学生了解文中Kate和Gina两姐妹的物品摆放情况，通过对比能判断整洁的标准，并将其迁移到实际生活中。教师通过播放视频，调动学生动手整理自己的课桌并描述物品的摆放，培养学生良好的生活习惯。本课例上课时正值重庆市渝中区创建文明城区的关键时期，教师利用当下创建"文明城区，美丽校园"的实际情况，激发学生的创造热情；结合本单元的学习内容，通过小组

合作设计标语，助力打造美好的环境，增强学生的劳动参与感和社会责任感。

2. 聚焦教学目标，创设教学情境

教学情境是指在课堂教学中，根据教学内容，为落实教学目标所设定的，适合并作用于学习主体，产生一定情感反应，能够使其积极主动建构学习的环境。能否达成教学目标是判断一堂课是否成功的关键，情境的创设要紧扣教学目标，不能为了创设而创设，让生活味掩盖了教学味。本课例从学生喜欢的绘画游戏入手，画出熟悉的房间，引出阅读的主题，做好阅读前的情境铺垫；在应用环节，以学生所在的教室为学习背景，为学生提供了活动条件，促使学生在该情境中乐于参与，积极互动，从而产生有意义的学习，达成教学目标。

3. 巧妙设置问题，发展高阶思维

高阶思维指的是发生在较高认知层次上的心智活动或者较高层次的认知能力，是处理较为复杂的任务或问题所需要具备的思维，体现为问题求解、决策、批判性思维和创造性思维（安德森等，2009，转引自熊亦波，2021）。它源自著名教育学家布卢姆（Bloom）在1956年提出的教育目标分类，后来安德森（Anderson）和克拉斯沃尔（Krathwohl）将其升级为记忆、理解、运用、分析、评价、创造六个层级。其中，后三个层级统称为高阶思维，它超越了简单的知识的记忆、理解和运用，是一种较高层次的认知能力。在本课例中，教师在课堂活动中巧妙地设问，引导学生思考，发展高阶思维。例如，在活动4中，教师提问：Gina的物品到底在哪里？学生在小组讨论时，对文中Gina的物品摆放情况进行客观评价，分析原因，教师引导学生从读者的视角向批判者的视角转移，思考并回应文本内容，同时，学生需要从文本中提取信息来佐证自己的理解，从而做出合理且科学的判断和表达，培养逻辑思维能力。又如活动8，教师提问：What is to be tidy？这个问题的提出促成了学生对本节课活动的回顾，对比文本中Kate和Gina的物品摆放，以及自己课桌在整理前和整理后的不同，通过文本感悟和活动体验，并在此基础上梳理思路，把握要点，归纳精华，培养学生的抽象思维和概括能力。

4. 尊重学生主体，注重过程评价

本课例根据《普通高中英语课程标准（2017年版）》要求，注重激发和培养学生学习英语的兴趣，尊重学生的学习主体地位，注重对学生实际语言运用能力的培养，以学生为本，采用任务教学形式和师生互动、生生互动的合作教学形式，让学生在教师的指导下，充分参与到教学活动中来。整个教学中以形成性评价为主，设计多个学习评价任务，重点评价学生参与各种教学活动的表现，贯穿课堂教学的始终，注重对学生的激励和鼓励，形成学习动力，利于学生后续的英语学习。

第二章 人教版《英语》（Go for it！）七年级下册

Unit 7 It's raining！Grammar Focus & Self Check语法及复习课

薛 姣

一、单元整体分析 Unit Analysis

本单元是人教版《英语》七年级下册的第七单元。通过六单元的学习，学生已经初步接触到现在进行时，能用该时态简单描述人的活动。本单元是对六单元的补充与拓展，主题语境是人与自然，属于人与自然、人与动植物主题群下的天气与活动主题，通过口头和书面语篇描述了不同国家的不同天气或相同天气背景下的不同活动。

在内容编排上，Section A是由两个听说任务链构成。1a主题图引出"谈论天气"话题、询问天气的句式和描述天气状况的形容词，为1b的听力做铺垫。1b创设了"打电话"的真实情景，人们就各自所在城市的天气进行问答，为1c的操练提供了简易的素材。2a-2c在前一任务链的基础上，增加了"正在做某事"的内容，谈论了人们在同一城市同一天气下进行的不同活动。两个任务链层层递进、环环紧扣、由浅入深。Section B是Section A的拓展和延伸。编者在1a-1d部分沿用了"打电话"的情景，拓展了谈论天气的表达法。2a-2c的阅读语篇以明信片的形式将本单元的重点内容——互致问候、谈论天气、询问正在进行的活动呈现出来，显得自然贴切且具有实用性。写作板块由一个填写明信片的控制性练习逐步过渡到开放性写作，层层递进，逐步引导学生呈现出一个较为完美的语篇。

通过对以上单元教材的整体分析，我们厘清其主题意义就是学习描述天气的表达，掌握现在进行时的用法，了解明信片的文体特点，让学生能够用明信片的形式描述同一天气或不同天气下进行的活动，同时学生还能了解世界各地的气候差异，掌握"通过谈论天气来促进交流"这一项常见的交际策略。

二、单元教学目标 Unit Goals

1. 语言能力目标

通过听、说、读、写、看等方式，学生能够用明信片的形式，用现在进行时准确描述人们在不同天气或同一天气背景下的不同活动。

2. 文化意识目标

学生能够了解谈论天气是"small talk"中的一项重要内容，是让交际顺利进行的一个重要策略；能够了解世界各地不同天气及人们进行的不同活动，感受地域差异。

3. 思维品质目标

学生能够从不同的角度、方向和方面思考问题，从而培养学生思维的灵活性。

4. 学习能力目标

能够通过看主题图等方式预测学习内容，运用关键词记录听力内容，采用小组合作探究学习的方式总结出书信的格式，归纳出一般现在时与现在进行时的区别。

三、单元核心任务 Core Task

以Vlog（视频博客）的形式拍摄一段关于重庆某一旅游景点的视频，描述其天气，并用现在进行时描述当时人们的活动，要求视频内容丰富且具有感染力，从而向网友们推荐我们的城市——重庆。

四、单元学习划分 Unit Plan（图2-2-1）

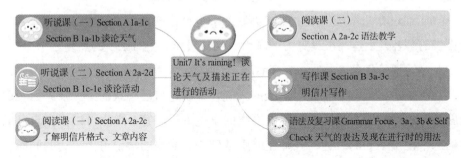

图2-2-1

五、本课时教学设计 Teaching Design

1. 教学内容分析 Analysis of Teaching Contents

本单元的话题是天气，主要谈论不同天气下的不同活动或同一天气背景下的不同活动。本课时是本单元的最后一个课时，授课内容是Grammar Focus，3a-3b & Self Check。通过学习本课时，学生能够准确地询问天气、描述天气，用现在进行时谈论人们在不同天气或同一天气背景下的不同活动，能够对活动对象进行描写及评价；同时，学生能够弄清一般现在时和现在进行时的用法和区别。

2. 课时教学目标 Teaching Objectives

（1）通过复习，学生能进一步掌握以下词汇：weather，wind，windy，cloud，cloudy，cold，warm；学生能正确地使用以下词汇和表达：Russian，skate，snowman，take photos；能正确地区分raining，rainy，以及snowing，snowy的用法。

（2）学生能够进一步掌握以how引导的询问天气的特殊疑问句及回答：How's the weather? It's...；What's the weather like? It's... 以及打招呼用语的特殊疑问句和回答How's it going? Great! / Not bad...

（3）通过小组合作探讨，学生能归纳出现在进行时的用法。

（4）学生能够从不同的角度、方向和方面来评价教师拍摄的Vlog，进而培养学生思维的灵活性。

（5）学生能够在教师的带领下，通过自学的形式积累一些关于重庆的课外表达，如Chongqing is in the southwest of China，along the Yangtze River；It is famous for its foggy weather so it has a nickname "wu du"等。

（6）通过介绍重庆，学生能够更好地了解自己的家乡，宣传自己的家乡，让更多的游客爱上这座极具魅力的城市，同时培养学生对家乡的热爱之情。

3. 学习评价任务 Evaluation Tasks

Task 1 教师询问学生此时重庆的天气，并谈论自己喜欢的天气及原因。此问题为开放性问题，教师抽取不同层次的学生进行回答。学生可以根据自己的英语水平说出不同的表达，教师在鼓励基础较为薄弱的学生勇于表达的同时，要给予英语基础较好的学生展现自己的机会。

Task 2 学生就一般现在时的四个方面——用法、标志词、构成、句型结构进行思考，举手回答，学生之间不断补充，激发学生的积极性。

Task 3 学生根据哑剧表演来描述图片，自愿举手回答，可确保不同英语水平的学生都能参与。

Task 4 小组合作讨论总结出现在进行时的用法，随机抽取学生小组交流展示。

Task 5 学生观赏教师拍摄的Vlog，并总结出其中的内容，问题设置相对简单，抽取基础较为薄弱的学生进行回答。

Task 6 开放性任务：评价教师拍摄的Vlog，并给出意见。该问题难度较大，灵活性较强，采用自愿举手的原则和抽取基础较好的学生进行回答。

4. 教学活动与设计意图 Teaching Procedures & Purposes（表2-2-1）

表2-2-1

教学步骤 Steps	教学活动 Activities	设计意图 Purposes
1. Lead-in/ Guessing Game	1. 教师在课前下载一个外国人来重庆旅游时拍摄的Vlog，截取其中一段播放，让学生猜测这段Vlog是在哪里拍摄的，并询问这里的天气怎么样等一系列问题，引出本节课的核心任务：拍摄一段关于重庆某一旅游景点的vlog。	1. 引入本节课话题"天气"。

续 表

教学步骤 Steps	教学活动 Activities	设计意图 Purposes
1. Lead-in / Guessing Game	 2. 学生在教师的引导下总结出：我们可以从以下几个方面谈论重庆（天气、重庆人的性格特征和喜欢从事的活动、旅游景点、食物等）。	2. 引入本节课的核心任务：拍摄一段关于重庆某一旅游景点的Vlog（包括天气、活动等方面）。
2. Review	用一般现在时谈论天气。 1. 教师询问学生此时重庆的天气。 2. 教师询问学生是否喜欢重庆现在的天气，若喜欢，则谈论喜欢的原因；若不喜欢，则谈论自己不喜欢的天气及原因。（注意：教师根据学生的回答补充关于天气的词汇和句型；学生在回答过程中会用到一般现在时，于是，教师将其中一位学生的回答板书在黑板上，引导学生从用法、标志词、构成、句式结构四个方面复习总结一般现在时的用法，同时，教师需时刻关注学生的回答，并对学生的回答进行补充）。	1. 通过询问重庆此时的天气和学生最喜欢的天气，复习关于天气的词汇等及常用表达。 2. 教师借助学生的回答，带领学生复习六单元所学的关于活动的表达及一般现在时的用法。
3. Review/ Non Verbal Performance	用现在进行时谈论某个景点人们正在做的活动（采用哑剧表演的形式）。 1. 教师展示几张重庆有名的旅游景点的图片，如磁器口、洪崖洞、李子坝、渣滓洞、仙女山等，并带领学生识别这几个地名。 2. 将全班分为若干小组，每组随机抽取一张图片。	1. 了解家乡有名的旅游景点，让学生对自己的家乡有更多的了解，从而培养学生对家乡的热爱之情。（鉴于重庆的旅游景点较多，少数学生对重庆的旅游景点不熟悉，因此需先介绍这些旅游景点，进而为后面核心任务的输出做铺垫）。

续 表

教学步骤 Steps	教学活动 Activities	设计意图 Purposes
3. Review/ Non Verbal Performance	3. 小组成员需要把自己抽到的图片里面的内容用肢体语言表演出来，但不能说话，且每个成员只能表演图片中的一个部分。 4. 其他组成员根据该组成员的表演，用现在进行时描述图片中的场景，描述正确次数最多的小组获胜。（注意：在学生描述过程中，教师要有意识地引导学生用现在进行时，同时选择两位学生的回答板书在黑板上，让学生观察该句子的时态后，采用小组合作的方式让学生归纳复习现在进行时的用法，教师需及时进行补充）。	2. 拓展关于activity的常见表达，如skate, take a photo, have fun等。 3. 采用哑剧表演的形式复习现在进行时的用法，使枯燥的语法复习课变得生动有趣。 4. 采用小组合作的形式让学生归纳复习现在进行时的用法，培养学生小组合作意识和合作学习能力，让学生成为课堂的主体。
4. Practice	学生在教师的带领下完成Section A3a、3b & Self Check，教师巡视、观察学生存在的问题并及时给予指导。	通过习题的方式巩固所学知识（天气、一般现在时、现在进行时、描述性评价）。
5. Presentation	vlog观赏 1. 教师提前录制一段Vlog，并播放给学生看，播放之前给学生们布置任务——让学生们观察本段Vlog里面包含了哪些方面（景点、天气、活动、评价等），用了什么时态。 以下是视频中的部分内容：Hello, my friends. How is it going? I am in Chongqing now. It is in the southwest of China, along the Yangtze River. The weather here is foggy so it has a nickname "wu du". But today is a little hot. Now I am in Ciqikou. People are wearing shorts or skirts. Look! Some people are buying fried dough twist（麻花）to take home. And here are some boys having hot and sour rice noodles（酸辣粉）。	1. 通过视频的形式给学生呈现一些与重庆相关的好词好句。 2. 教师以身示范，呈现一个Vlog的范例，让学生明确本节课的核心任务及具体要求。

教学步骤 Steps	教学活动 Activities	设计意图 Purposes
5. Presentation	It must be yummy because they look happy. And some are shopping in different kinds of stores... I have a great time here. I hope you can come here one day. Ciqikou, a town with a profound cultural background! 2. 从不同角度评价教师的Vlog是否具有吸引力并给出建议，如画面质感（Is it beautiful and clear? ）、视频的语言（Does the teacher speak fluently? ）、亲切感（Is the teacher friendly and amiable? ）等角度。 3. 学生在教师的带领下总结出视频拍摄要求：①内容包括景点、天气、活动、食物、评价等；②视频要有吸引力（画面清晰，语言流畅，具有亲和力）。	3. 让学生从不同的角度评价教师的Vlog并给出建议，目的是培养学生思维的灵活性，同时，为之后对学生的Vlog的评价建立一个评价标准。
6. Homework	1. 给学生分享一些关于重庆的英文视频介绍，让学生积累一些好词好句，并运用在自己的视频中。 2. 拍摄Vlog 学生利用周末拍摄一段关于重庆某一旅游景点的Vlog，最后通过生生互评、师生共评的方式选出最佳旅游博主。 （视频要求：①内容包括景点、天气、食物、活动、评价等，且详略得当，重点是天气和活动描写；②视频要有吸引力。 评价标准：内容齐全且详略得当6分，表达规范2分，视频有吸引力2分。）	1. 与学生分享视频资源，让他们自己去积累好词好句，培养学生自主学习的能力。 2. 将所学知识与实际生活相结合，提高学生的学习兴趣。 3. 通过介绍自己的家乡重庆，进一步培养学生的爱乡之情，同时让更多人了解重庆。

5. 板书设计与设计意图 Blackboard Design & Purpose

为了让学生更好地把握本节课的内容，同时吸引他们的视线，笔者在板书设计时注重内容美和形式美的结合。在板书的左边部分，笔者采用贴纸的方式呈现了本节课的第一个重点——天气。在板书的右边部分，笔者将两个时态相结合，构成了一把雨伞，在突出两种时态的同时，体现了本节课的主题It's raining! 此外，笔者还为两种时态提供了基本框架，让学生对其内容进行补充，从而更好地帮助学生提炼巩固本课内容和骨架知识，帮助学生记住本课关键知识、信息。

六、课例评析 Case Analysis

1. 多元目标，整体设计

龚亚夫（2015）认为，英语课程应设定三个目标，即社会文化目标、思维认知目标和语言交流目标，且这三个目标不是独立存在的，三者相辅相成，形成一个统一的整体。在本节课的设计过程中，笔者遵循了多元目标原则，以拍摄视频为主线，以我们的城市——重庆为话题，将本节课的重难点与生活体验相结合，创设情景，激发兴趣，学以致用，在学生学习语言知识的同时，培养了学生的思维品质，同时将学科知识与社会文化相融合。

2. 关注衔接，关联知识

单元复习教学要与单元主题紧密关联，在立足主题语境的基础上，突破板块内容之间的限制，整合复习资源。整合教材内容，将新旧知识衔接起来，创设了一个符合主题的话题语境，激发学生的元认知，使其产生学习期待，充分发挥了学生学习的主观能动性。

3. 学为主体，教为主导

新课标指出，在教学中要力求体现学生的主体地位，调动其参与、体验、交流与合作。学习的发生不是外界灌输的结果，而是以学生的主动理解和建构为前提。本节课在教师的指导下，学生通过小组合作的方式观察、发现、归纳后总结出现在进行时的用法，学生在主题语境下回顾、理解和应用真实的语言。同时，在教学实施中，教师高度关注学生的课堂生成，通过教学评价、反馈的方式有效地推动了学生的学习，确保了学生实质性学习的发生以及语言能力、学习能力的共同提升。

4. 分层教学，生生参与

针对不同层次学生在思维发展水平、认知结构等方面存在的差异，本节课确立了不同的教育目标，设置了不同层次的问题及活动，激发和调动了各类学生的学习热情和积极性，使每个学生都能从学习中尝到成功的喜悦，增强学生的自信心，提高课堂效率。

Unit 12 What did you do last weekend?
Section B 2a-2c 阅读课

彭小琴

一、单元整体分析 Unit Analysis

本单元是人教版《英语》（Go for it! ）七年级下册的第十二单元，主题语境是人与自我，单元话题Weekend activities属于生活与学习主题群下的个人、家庭、社区及学校生活子主题。本单元以周末活动为主线，功能是运用一般过去式谈论刚刚过去的一些常见周末活动，是一般过去时在听、说、读、看、写的综合运用。

在上一个单元Unit 11 How was your school trip? 中，学生学习了与研学旅行

相关的词汇和表达，能够谈论研学旅行中的activities及其feelings，为本单元谈论周末活动打下了良好的基础。上一单元学习了一般过去时的形式和意义等，学生能用所学语言谈论过去发生的事情。本单元是本册教材的最后一个单元，在讲授新知的同时进行复习，一方面复习之前学过的activities及其feelings；另一方面以谈论周末活动为话题，继续巩固一般过去时态的应用。

在内容编排上，Section A着重听说训练，包括两个听力、两个对话和一个阅读共计五个语篇，运用一般过去时谈论常见的周末活动。1a-1c通过Lucy的周末活动和听力输入导入本单元的话题和本部分的关键句型。2a-2c是基于1a-1c活动上的另一个听说任务链活动，给出了更为丰富的语言运用环境，即教师询问学生周末活动，以听力的形式对单元重点词汇进行了复习。2d的对话语篇集中呈现了1a-2c所涵盖的主要内容，引导学生在语境中进行相对综合的语言输出。Grammar Focus使用一般过去时态的特殊疑问句询问相关信息。3a-3c包括学生填合适的疑问词、根据小故事的语境用动词的适当形式填空、画图猜测游戏等活动。

Section B是对Section A的拓展，学生进一步学习更多动词的过去式，本部分的重点是一般过去时态在听、说、读、看、写各技能的综合运用。1a-1d是一条完整的听说任务链，呈现更多关于周末活动的短语表达法和更多不规则动词的过去式，两个学生Sally和Jim谈论自己的周末活动，信息量比较大，内容也较丰富。1e是一个开放性口语输出活动，学生两人一组谈论自己的周末。2a-2c以阅读活动为主，通过Lisa周末在印度遭遇蛇的故事语篇，巩固学生的语言基础，让学生增长知识，开阔视野。3a-3b的写作训练板块，根据梳理出的写作结构写出自己的周末。Self Check包括使用本单元的短语创编故事、运用一般过去时态完成对话等活动。

基于以上对单元教材的梳理和分析，本单元的主题意义为树立规划个人周末生活的观念，使之度过有意义的周末生活。

二、单元教学目标 Unit Goals

（1）通过图片、查字典、上下语境等学习和梳理与activity和feeling有关的词汇和短语，建立"周末生活"话题语料库。

（2）结合周六、周日及早、中、晚的时间表达，描述不同时间的周末活动及感受，通过听对话、角色表演、画图猜测等谈论和评价周末活动。

（3）根据标题和插图预测故事，借助"S.T.O.R.Y"思维导图提取故事类文本的基本要素，梳理周末在印度遭遇蛇这个故事的起因、经过和结果，从不同的人物角度讲述故事，并联系个人生活进行反思。

（4）使用"周末活动"话题词汇和一般过去时态介绍和规划周末生活，创编有意义的周末活动故事。

（5）在"周末活动"主题语境中，使用一般过去时的特殊疑问句询问和回答周末活动的相关信息，归纳和总结一般过去时态的用法。

（6）通过听、读周末活动的语篇内容，了解国外学生的周末生活，感知中外学生周末生活的差异；初步了解印度的蛇文化，感知不同国家的文化差异。

三、单元核心任务 Core Task

使用"周末活动"话题词汇和一般过去时态介绍和规划自己的周末生活。

四、单元学习划分 Unit Plan（表2-2-2）

表2-2-2

课时	课型	单元内容	主题
第一课时	听说课（一）	Section A 1a-2d	引入主题，于听说活动中感知、体验、理解"周末活动"主题信息。
第二课时	听说课（二）	Section B 1a-1e Section A 3c	深入主题，于听说活动中进一步体验和评价"周末活动"主题信息。
第三课时	阅读课	Section B 2a-2c	拓展主题，在阅读中丰富和拓展"周末活动"主题信息。
第四课时	写作课	Section B 3a-3b	创编主题，在写作中书面表达和创编"周末活动"主题信息。
第五课时	语法及复习课	Grammar Focus Section A	整合主题，在"周末活动"主题语境中归纳和总结一般过去时态的用法。

五、本课时教学设计 Teaching design

1. 教学内容分析 Analysis of Teaching Contents

本课教学材料选自人教版《英语》七年级下册第十二单元Section B的阅读文本A weekend to remember，单元话题是weekend activities。本课时是本单元的第三课时，授课内容为Section B 2a-2c。通过阅读Lisa周末在印度遭遇蛇的故事，进一步输入本单元的目标语言和动词的过去式形式，在巩固学生语言基础的同时，让学生增长知识，开阔视野。

（1）［What］主题意义和主要内容

本节课的阅读文本是一篇图文结合的故事类语篇，主题语境是"人与自我"。通过讲述Lisa周末在印度遭遇蛇的故事，了解国外学生的周末生活，初步了解印度的蛇文化，传达出"尊重当地文化，度过有意义的周末生活"的主题意义。

（2）［Why］写作意图

作者通过讲述Lisa在印度遭遇蛇的经历，引发读者关注不同国家和地方的文化差异，树立尊重当地文化的意识。

（3）［How］文体结构和语言修辞

语篇为记叙文，作为故事类文本，按照时间顺序和情节发展组织信息，如故事以two weeks ago, last weekend, on the first night, the next morning等时间状语展开叙述，事件的起因、经过和结果分为Beginning、Middle和Ending三个部分。故事发生的setting是在印度的一个小村庄里，主要涉及的角色有"我"的父母、"我"的姐姐和"我"（Lisa）。

全文主要使用一般过去时讲述Lisa的经历，其中包含一些与activity相关的词汇和表达，如：went camping, put up tents, made a fire, sat under the moon等，还涉及与feelings相关的表达，如get a surprise, scared等。

（4）学情分析

七年级学生对周末活动这个话题比较感兴趣，对Lisa在印度难忘的周末有阅读兴趣，具备了学习本课所需的基本语言能力和话题知识。大部分学生能够在阅读中获取表层信息，能够理解一般过去时，并且具备由图片和文本上下文猜测词义的基本能力。但是，学生缺乏对故事情节的总结概括能力，在分析和讲述文本的故事时，可能会遇到信息整合不完整、逻辑混乱等问题。这就需要通过提问与回答、思维导图、小组合作等方式梳理和整合故事的起因、经过和结果，借助思维导图厘清表达思路，讲述故事。

2. 课时教学目标 Teaching Objectives

（1）根据标题和插图预测故事内容，借助流程图再现故事中的八大重要事件。

（2）在语境中理解put up tents，sit under the moon，each other，get a surprise，scared，shout to，jump up and down，wake up，move into the forest等词汇和短语的含义及其用法。

（3）借助"S.T.O.R.Y"思维导图，提取故事要素，梳理Lisa的经历及故事的起因、经过和结果，从不同的人物角度讲述故事。

（4）归纳和总结Lisa从这次经历中吸取的教训，联系个人生活进行反思。

（5）初步了解印度的蛇文化，树立尊重不同文化差异的意识。

3. 学习评价任务 Evaluation Tasks

Task 1 学生头脑风暴，回答提问"What kinds of animals are people sometimes afraid of? Why are you afraid of them? "教师选取不同英语学习基础的学生进行回答，了解学生的已有经验和本课的背景知识积累情况。

Task 2 学生根据文本的插图和标题进行预测，回答以下问题链：①What can you see in this picture? ②What's your feelings of this picture? ③What is the title of this passage? ④What do you think this article will be about? Can you guess? ⑤What types of this article? Is it a story or not? 教师随机选取学生进行回答。

Task 3 学生第一遍阅读，感知文本大意，提取故事基本要素，填写student sheet：①Where does the story take place? ②What are the characters of this story? 教师选取英语学习基础中下的学生分享答案。学生回答教师提问"How was Lisa's weekend? And why? "教师随机选取学生进行回答。

Task 4 学生第二遍阅读后，回答以下问题，圈出Lisa和Lisa's parents的activities：①What did Lisa and her sister do? ②What did their parents do? 教师随机选取学生进行回答，并在此过程中检查学生结合语境学习和掌握新词的情况。教师继续追问：Why did Lisa's dad do that? 选取英语学习基础中上的学生进行回答。

Task 5 学生第三遍阅读，排序故事的八个重要事件，填写student sheet的流程图，教师随选抽取学生进行回答。

Task 6 学生5~6人一组，根据故事的起因、经过和结果，对八个重要事件进行分类，小组合作完成student sheet的"S.T.O.R.Y"思维导图并进行小组汇报。教师随机选取一个小组交流展示，学生集体核对，教师完成板书。

Task 7 学生以小组为单位，借助"S.T.O.R.Y"思维导图，从以下人物角度中选取1~2个角色讲述故事：Lisa、Lisa's sister、Lisa's dad、Lisa's mom，教师随机选取多个小组交流展示。

Task 8 学生开展小组讨论，讨论教师提出的以下问题：①What lesson did Lisa learn from the weekend？②What can you learn from this story？③Do you have or hear about a similar story？What is the "S.T.O.R.Y"？What lesson do you learn from it？教师随机选取学生进行回答。

Task 9 学生填写本节课的学习效果自我评价表，自我检查本课时的目标达成。教师根据学生的自我评价表，了解学生本课时的目标达成情况。

4. 教学活动与设计意图 Teaching Procedures & Purposes（表2-2-3）

表2-2-3

教学步骤 Steps	教学活动 Activities	活动类型 Activity type	设计意图 Purposes
Lead-in	Activity1：创设情境，引入主题 教师借助一个自己害怕的动物创设情境，引入话题。同时借此复习前面学过的单词scary。 学生头脑风暴，说出自己害怕的动物并说出原因。 提问： What kinds of animals are people sometimes afraid of？Why are you afraid of them？ 参考回答： I think snakes are scary because they look horrible.	学习理解类活动：感知与注意。	采用头脑风暴的方式，引领学生联想与动物相关的词汇或内容，复习学过的动物名称和描述动物的形容词，激活学生与文章有关的背景知识，调动学生的语言储备和生活经验，带领学生进入话题语境。

续 表

教学步骤 Steps	教学活动 Activities	活动类型 Activity type	设计意图 Purposes
Lead-in	Well, I think lions are scary because they can bite and kill people. …		
Pre-reading	Activity 2：关注标题插图，大胆预测 教师通过提问和追问，引导学生关注文本的插图和标题，大胆预测文本的类型和内容。 Q1：What can you see in this picture? Q2：What's your feelings of this picture? Q3：What is the title of this passage? Q4：What do you think this article will be about? Can you guess? Q5：What types of this article? Is it a story or not? 通过提问引出这篇文章的体裁为故事，板书"S.T.O.R.Y"。	学习理解类活动：感知与注意。	预测是积极的思维过程，既是培养学生批判性思维的方法，又是重要的阅读技巧。学生结合自己的已有认知，根据文本的标题和插图，大胆推理和预测文本内容。 通过提问引出这篇文章的题材为故事类文本，板书"S.T.O.R.Y"，为下一阶段的阅读与思维导图做好准备。
While-reading	Activity 3: 整体阅读，提取故事要素 1.学生阅读后，填写student sheet： （1）Where does the story take place（发生）? （2）What are the characters（人物）of this story? 在学生回答的过程中，教师板书"S.T.O.R.Y"思维导图的S和T。 2. 教师提问：How was Lisa's weekend? And why? 获取故事大意。	学习理解类活动：获取与梳理。	第一遍阅读为整体阅读，学生感知文本大意，提取故事基本要素，向学生渗透阅读策略意识。 参考和借用了"S.T.O.R.Y"语篇分析思维导图（Victoria M.Naughton, 2008），帮助学生梳理故事基本要素。
	Activity 4：细节阅读，梳理人物活动 1. 让学生圈出描写Lisa和Lisa's parents的活动的词汇和句子，并在上下文中理解本课重点短语。 2. 教师继续追问：Why did Lisa's dad do that? 帮助学生初步了解印度的蛇文化。		

教学步骤 Steps	教学活动 Activities	活动类型 Activity type	设计意图 Purposes
While-reading	Activity 5：再次阅读，排序重要事件 学生阅读后，排序故事的八个重要事件，填写student sheet的流程图： ① snake went into the forest ② put up our tents and cooked food ③ learned a useful lesson ④ saw a snake and shouted to parents for help ⑤ snakes can't hear but can feel things moving ⑥ my dad jumped up and down in his tent ⑦ took a bus to a small village in India ⑧ told stories under the moon, then went to sleep	学习理解类活动：概括与整合。	第二遍阅读为细节阅读，学生对故事的重要信息进行识别、归纳，梳理故事人物的活动，同时在语境中学习和理解新词，初步了解印度的蛇文化，树立尊重文化差异的意识。 第三遍阅读，借助流程图，对故事的八个重要事件进行排序，提取和梳理故事的事实类信息。 借助"S.T.O.R.Y"思维导图，分析故事的基本要素，对八个重要事件进行分类，小组合作梳理故事的起因、经过和结果。
	Activity 6：小组合作，梳理故事的起因、经过和结果 1. 小组合作，根据故事的起因、经过和结果，对八个重要事件进行分类，完成student sheet的"S.T.O.R.Y"思维导图。 2. 小组汇报，教师板书"S.T.O.R.Y"思维导图的O、R、Y。	应用实践类活动：分析与判断。	
Post-reading	Activity 7：借助"S.T.O.R.Y"思维导图讲述故事 借助"S.T.O.R.Y"思维导图，以小组为单位，运用所学的词汇和表达方式，从以下不同的人物角度讲述故事。 人物：Lisa、Lisa's sister、Lisa's dad、Lisa's mom。	应用实践类活动：描述与阐释；内化与运用。	小组合作，借助"S.T.O.R.Y"思维导图，从不同的人物角度讲述故事，促进学生内化所学。
	Activity 8：联系生活，分享讨论 1. 学生开展小组讨论，讨论教师提出的问题： （1）What might Lisa learn at the weekend?		

续 表

教学步骤 Steps	教学活动 Activities	活动类型 Activity type	设计意图 Purposes
Post-reading	（2）From Lisa's story, what can you learn? （3）What is the "S.T.O.R.Y"? Can you explain it？ 2. 学生填写本节课的学习效果自我评价表，检查本课时的目标达成情况。	迁移创新类活动：批判与评价；想象与创新。	引导学生深度思考，树立尊重不同国家和地方文化差异的意识。同时，联系个人实际生活，讲述自己或他人发生过的类似故事，并进行反思和自我评价。

5. 板书设计与设计意图 Blackboard Design & Purpose

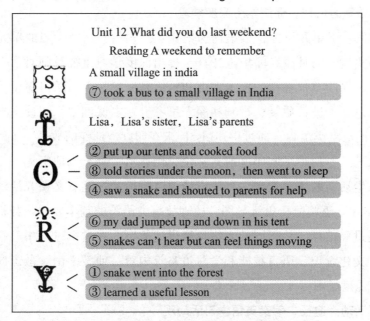

"S.T.O.R.Y" 思维导图的板书设计生动形象地帮助学生对本课时内容进行结构化梳理和回顾，提炼故事类文本的基本要素和框架，帮助学生借助 "S.T.O.R.Y" 思维导图回顾和讲述故事，促进信息获取和灵活迁移。

六、课例评析 Case Analysis

本课基于单元整体教学的设计和实施理念，以教、学、评一体化为抓手，落实英语学习活动观，促进学生的深度学习，实现学科育人的尝试。主要体现在以下几个方面。

1. 以目标为导向，关注教、学、评一体化

《普通高中英语课程标准（2017年版2020年修订）》指出：要处理好教、学、评的关系，推动教、学、评一体化实施，课堂评价活动应贯穿教学的全过程。本课例体现了教、学、评一体化的理念，在教学设计和实施中以目标为导向，整合教学目标、教学活动和教学评价的一致性，促进学生核心素养的发展。王蔷和李亮（2019）认为在本课例中，教、学、评一体化的理念贯穿文本解读、学情分析、目标制定、选择方法、评价效果等各个环节，通过学习效果自我评价表，引导学生评价和反思自身学习成效，为学生改进学习、教师反思教学提供了支架和参考。

2. 以语篇为依托，促进学生深度学习

本课例基于单元目标，以语篇为依托，探索指向深度学习的单元整体教学设计和实施。刘月霞和郭华（2018）提出深度学习重视教师对学生发展的促进作用，强调教师存在的根本理由和价值是激发学生的学习愿望，启发学生在学习过程中进行质疑、批判和深入思考。在本课例中，阅读文本是一篇图文结合的故事类语篇，通过讲述Lisa周末在印度遭遇蛇的故事，了解国外学生的周末生活，初步了解印度的蛇文化，传达出"尊重当地文化，度过有意义的周末生活"的主题意义。据此设计课时目标和主题意义探究活动，借助"S.T.O.R.Y"语篇分析思维导图，梳理故事类语篇的基本要素，分析事件的起因、经过和结果，从不同的人物角度讲述故事。在这个过程中，整合了语言知识、文化意识、语言技能和学习策略等内容，使教学由零散走向关联，促进学生深度学习。

3. 以活动为途径，落实英语学习活动观

课程标准提出从英语学习活动观的视角重新审视课堂教学设计的合理性和有效性，整合课程内容，优化教学方式，为学生设计有情境、有层次、有实效的英语学习活动。在本课例中，通过学习理解、应用实践、迁移创新等相互关联、层层递进的活动，引导学生加深对主题意义的理解。第一遍整体阅读，学生感知文本大意，提取故事基本要素；第二遍细节阅读，学生对故事的重要信息进行识别、归纳；第三遍阅读，借助流程图对故事的八个重要事件进行排序，提取和梳理故事的事实类信息；借助"S.T.O.R.Y"思维导图小组合作，从不同的人物角度讲述故事，促进学生内化所学和应用实践；联系个人实际生活进行迁移创新，讲述自己或他人发生过的类似故事，并进行反思和自我评价。上述体现了以学生为主体的学习过程，通过语言、文化、思维融于一体的实践活动，实现对学生逻辑思维、创新意识和元认知的培养，落实学科育人。

七、课外拓展资源

1. 学习单 Worksheets

（1）Read about Lisa's weekend and answer the questions（表2-2-4）.

表2-2-4

S	Setting 故事发生的地点/背景 （1）Where does the story take place（发生）？ _____
⚓	Talking characters 故事里的人物 （2）What are the characters（人物）of this story？ _____
☹	Oops，a problem！故事的起因/遇到了什么困难
R	Attempts to resolve the problem 故事的经过/想办法解决困难
Y	Yes，the problem is solved 故事的结果/困难解决了

（2）Put the phrases into the "S.T.O.R.Y" mind map.

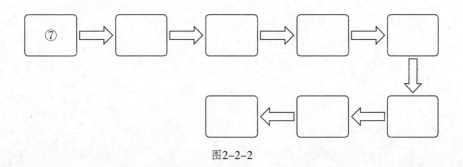

图2-2-2

2. 学习效果自我评价表（表2-2-5）

表2-2-5

"A Weekend to Remember" 学习效果自我评价表 姓名：			
评价内容	Excellent	Good	Far from good
1. 我能根据标题和插图猜测这篇文章的主要内容。			
2. 我能借助流程图，对故事中的八大重要事件正确排序。			
3. 我掌握了以下词汇及其用法：put up tents，sit under the moon，each other，get a surprise，scared，shout to，jump up and down，wake up，move into the forest.			
4. 我能借助"S.T.O.R.Y"思维导图准确提取故事基本要素，梳理Lisa的经历及故事的起因、经过和结果。			
5. 我能借助"S.T.O.R.Y"思维导图，从不同的人物角度，运用一般过去时，有条理、清晰、生动地讲述这个故事。			
6. 我能归纳和总结Lisa从这次经历中吸取的教训，并联系自己的生活进行反思。			
7. 我对印度的蛇文化有了初步了解，树立起尊重不同文化差异的意识。			

第三章　人教版《英语》（Go for it！）八年级上册

Unit 4 What's the best movie theater?
Section B 2a–2e 阅读课

祝　霖

一、单元整体分析 Unit Analysis

本单元是人教版《英语》八年级上册的第四单元，主题语境是人与自我和人与社会，单元话题Your Town属于历史、社会与文化主题群下的个人、家庭、社区和学校生活子主题，通过口头和书面语篇介绍了健康的生活方式、积极的生活态度、个人的发展规划等。

在内容编排上，Section A主要通过听、说的方式介绍了丰富的家乡生活，评出心中最棒的地方。为了评出"最棒的电影院"，对比了所在城市各类电影院，讨论了谁的配备设施最全、地理环境最好、排队时间最短、观影体验最棒、受欢迎程度最高；并在听力、阅读板块中引出了另外几个与生活息息相关的地方。为了评出"最棒的衣店"，对比了各类衣店，讨论了品质优劣、价格高低、服务好坏。为了评出"最棒的电台"，对比了各类电台的音乐品质、DJ素材、工作态度。为了评出"最棒的超市"，对比了各类超市的地理位置、货品质量、价格高低、排队时间、购物体验。从活动时间、活动方式、活动原因等方面层层深入，逐步从简单的活动对比上升到生活方式的差异交流，给学生提供了充分的语言支架。

Section B延续了这一编写特色，通过阅读课，了解和学习"最有才艺的人"应该具备的基本素质——富有幽默感、学习力、创造力。在阅读语篇中，介绍三个著名的节目——"美国偶像""美国达人秀""中国达人秀"，并激发学生保持积极的生活态度，追求健康的生活方式，思考如何认识自我、丰富自我、完善自我，如何体现自身价值，乐于学习、善于学习、终身学习，成为"最棒的达人"。在另一个阅读语篇中，介绍了最佳的"周末休闲地"，从社区环境、拥挤程度、人流量高低、配套设施、餐饮品质等进行说明。

写作板块的教学内容要求学生以书面语篇介绍自己的家乡，用最高级描写家乡各种"最棒的地方"，哪里环境最美，哪里最受欢迎，哪里交通最方便，哪里消费最便宜等，比如公园、学校、医院、酒店、博物馆、动物园等。

通过对以上单元教材的整体分析，我们厘清其主题意义就是通过学习比较家乡的各类社区生活方式，让学生具备积极的生活态度，追求健康的生活方式，树立正确的消费观、人生价值观，提高文化交际意识，并增强学生认识自我、丰富自我、完善自我的自信心。

二、单元教学目标 Unit Goals

1. 语言能力目标

通过听、说、读、看、写等方式，学生能够了解形容词、副词的最高级；能够用口头和书面的方式介绍最有特点的人、事、物，包括电影院、服饰店、餐馆、超市、城市、达人等，并且对其进行比较，同时表达个人观点。

2. 文化意识目标

通过看、听、读关于"达人秀"的语篇内容，学习达人秀节目的起源、特点以及人们对此类节目的不同看法。同时学生们更好地了解达人秀节目，避免盲目崇拜，知晓成功要靠辛勤的工作。

3. 思维品质目标

学生能够学会辩证地看待最优秀的人、事、物，辩证地看待达人秀节目及其演员；提高自信心，相信只要通过自身的努力，人人皆可成功，从而养成坚持不懈的良好品质。

4. 学习能力目标

通过对本单元教学内容的预测和阅读，学生能够巩固形容词最高级的用法，提高运用语言的能力和获取文本信息的能力，并在学习的过程中调整理解文本的策略和方法。

三、单元核心任务 Core Task

用英语介绍你心中最棒的人、事、物。

四、单元学习划分 Unit Plan（图2-3-1）

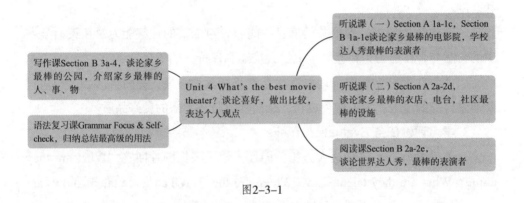

图2-3-1

五、本课时教学设计 Teaching design

1. 教学内容分析 Analysis of Teaching Contents

本单元话题是Your Town，主要讨论了个人、家庭、社区和学校生活中最特别的人、事、物，以及介绍了健康的生活方式、积极的生活态度、个人的发展规划等。课前学生已经学过形容词最高级的基本用法，并能用形容词最高级评价人和事物。本课时是本单元的第三课时，授课内容是Section B 2a-2e，谈论"talent shows"，即达人秀，学生们通过本课时主要学习了解达人秀节目的起源、特点，以及人们对此类节目的不同看法，比较文化异同，增强跨文化意识。本课以talent shows为主线，该话题与我们平时的生活联系紧密，容易激发学生的学习兴趣。

2. 课时教学目标 Teaching Objectives

（1）通过阅读文章，学生能正确读出：talent，have... in common，magician，all kinds of，beautifully，be up to...，play a role，winner，prize，make up，example，for example，poor，take... seriously，了解达人秀节目的起源、特点和人们对它的看法。

（2）通过阅读任务、在阅读中抓住关键词和运用阅读技巧，学生能准确获取信息，正确完成任务。

（3）学生能在两人小组、多人小组等团队活动中谈论达人秀相关信息，运用最高级表达观点。学生能正确运用最高级句型："I think / believe that... is the best / most... I love... best. I really like... How adj. it is / they are!"表达个人观点和态度。

（4）学生能够提高捕捉关键信息的能力、对语篇的理解能力及在英语学习中的交际与合作能力，在此基础上学会描述和评价一档节目。

（5）学生能够学会辩证地看待达人秀节目及其演员；提高自信心，相信只要通过自身的努力，人人皆可成功，从而养成坚持不懈的良好品质。

3. 学习评价任务 Evaluation Tasks

Task 1 教师展示各种达人秀相关图片，学生根据图片回答"What are they doing? What are they talented in? Where are they? Which three talent shows are mentioned?"选取英语学习基础中下的学生进行回答。

Task 2 学生快速跳读全文，了解全文大意，判断每个自然段的中心意思。"What's the main idea of each paragraph? Match the topic sentences with each paragraph"，随机选取学生进行回答。

Task 3 学生快速扫读全文，重新编排课堂练习2C的任务，带着任务和要求获取关键信息，完成各个自然段的略读。第一自然段，判断正误"True or False"。第二自然段，理解填空"Fill in the blanks"。第三自然段，回答问题"Write down the answers to the questions"。带着任务，准确回答问题和完成相应任务，随机选取学生检验完成效果。

Task 4 学生能通过录音模仿朗读，增强语感，注意速度、清晰度、语音语调准确度，随机选取一个小组进行交流展示。

Task 5 开放性任务：小组合作，复述课文，3人一组，一人一段。培养学生的记忆力和表达能力，能运用本课所学词汇、句型传达信息、表达观点。设计三个评价点：语言正确、内容合理、表达自然流畅。通过小组互评、师生共评评出优秀方案。

4. 教学活动与设计意图 Teaching Procedures & Purposes（表2-3-1）

表2-3-1

教学步骤 Steps	教学活动 Activities	设计意图 Purposes
Lead-in	Enjoy a video，课前播放外国、中国"达人秀"节目，学生根据图片回答问题，"What are they talented in?	通过观看达人秀现场视频，激发学生的阅读兴趣，引出本单元话题"Who's Got Talent"，通过所熟悉的名人，联想他们的身份，以及他们分别具有的天赋，复习形容词和副词的最高级表达，预习本课所需的表达职业的名词，在引出话题的同时，降低阅读的难度。
Pre-reading	Task 1 Guessing 教师展示图片，学生根据图片回答问题 "What are they doing? What are they talented in? Where are they? Which three talent shows are mentioned?"	通过课文配图，预测本课主题"达人秀"，将达人秀作为线索，搜寻将被提及的节目。在阅读过程中不是逐字、逐句地去理解，而是结合自己的预测，在文章中找出有关的信息来验证自己的预测。
While-reading	Analyze the title: Who's Got Talent 教师展示标题，学生根据分析回答问题 "Are the people who join talent shows good at something? Who will be the winner? "	通过对标题所含信息的猜测，分析文章涉及的内容，强调"标题"应突显一篇文章的主旨。
	Task 2 Skimming Ask students to read the passage quickly and then get the main idea of each paragraph, and then match the topic sentences with each paragraph.	通过略读训练，培养学生们抓住段落大意的能力，强调每段话首尾句（有时为中间句）的重要性。

续　表

教学步骤 Steps	教学活动 Activities	设计意图 Purposes
While-reading	Task 3 Scanning 1. Read Paragraph 1 and finish "True or False" exercise, please explain the reason. 2. Read Paragraph 2 and fill in the blanks below. 3. Read Paragraph 3 and write down the answers to the questions（Work on 2c）.	通过任务型语言教学，在不同的教学环节设计了不同的学习任务，这些学习任务形式不同（第一段设置判断题，第二段设置填空题，第三段设置问答题），有利于学生更好地理解文章。在快速找读、完成表层信息捕捉问题后，学生对文章有了大概的认识，阅读速度也得到训练。阅读速度的训练是阅读教学中的一个重要任务。培养学生的快速阅读理解能力是实施英语素质教育的必然要求。
	Task 4 Read it together Read it quickly, clearly, and aloud.	本环节通过听录音模仿朗读，增强语感。通过细读，关注文章细节，要求速度、清晰度、语音语调准确度。
After-reading	The text analysis.	通过思维导图，引导学生弄清文章的文体思路，了解各种不同体裁的课文的结构特点。将文章内容与大脑中的相关信息联系起来有助于学生更深刻理解文章的细节内容、中心思想、作者的写作态度、写作意图及文章的"弦外之音"。
	Task 5 Retelling Groupwork: Students retell the story in a group of three, each student can choose one paragraph to retell.	学生在熟悉课文内容的基础上，掌握一定的复述技巧，能试着用自己的语言复述课文，培养学生的记忆力和表达能力。通过3人小组的课堂活动，加强同学间的互助与合作，促进同学间的了解与友谊，培养学生的与人协作精神和团队精神，激励学生积极进取。 情感教育，也许学生们不擅长复述，也许他们不擅长更多事情，但是人应该有梦想，哪怕它难于实现，也要奋斗，相信经过努力，定有收获。

续 表

教学步骤 Steps	教学活动 Activities	设计意图 Purposes
Homework	Maybe many students in our class have talents too, ask the students to have a discussion and then fill the table. (Work on 2d, 2e) 学生根据班情，回答问题"Who is the most talented person in your class? Who is the best chess player / the most talented dancer / the best painter / the fastest runner / ...?"	通过谈论喜好，进行比较（Discuss preferences and make comparisons.），谁是班上最具特殊技能的人，通过表扬赞美最棒的表现，激励学生们乐于学习、善于学习、终身学习，成为班级"最棒的达人"。

5. 板书设计与设计意图 Blackboard Design & Purpose

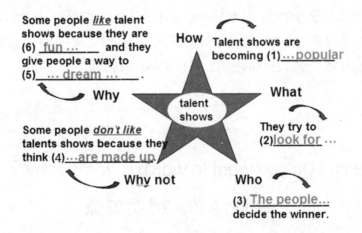

通过思维导图板书设计，学生对本课时内容进行结构化学习和回顾，更好地帮助学生提炼本课内容框架和骨架知识，帮助学生记住本课关键知识、信息，促进知识迁移和灵活运用。

六、课例评析 Case Analysis

本节课是一节阅读课，读写结合，输入、内化、输出有机整合，学生在阅读任务中实现词汇、句型和语法的感知、体验和运用。

根据教学设计和教学实施的情况，本节课有以下几点值得学习和借鉴。

1. 以主题意义探究推进深度学习

本课例在家乡这一话题下，学习讨论各地"最棒的达人"，探究学习关于达人秀的语篇内容，主要谈论达人秀节目的起源、特点以及人们对此类节目的不同看法，学生们通过完成读、写、讨论、展示、评价等系列任务，所有这些活动都置于主题情景Your Town中，活动彼此关联，体现出逻辑性和层次性，实现对主题活动"了解各国达人秀活动，避免盲目崇拜，同时知晓成功要靠辛勤的工作，"通过学习比较家乡的各类社区生活方式，让学生具备积极的生活态度，追求健康的生活方式，树立正确的消费观、人生价值观，提高文化交际意识，并增强学生认识自我、丰富自我、完善自我的自信心"。

2. 注重建构，培养创新思维

学习是基于语篇内容建构新意义的过程。本课例通过创设一系列有效的问题和活动，促成了学生与文本、与教师、与同学的互动。在素养化目标的导向下，开展教学与学习体验，使教学活动具有针对性和实效性。在学习达人秀活动以及背后意义的过程中，学生需要创新思考，如何提高自信心，在新的文化背景和社会环境下通过自身的努力，坚持不懈获取成功。

Unit 5 Do you want to watch a game show?
Section A 2a-2d 听说课

李妹妹

一、单元整体分析 Unit Analysis

本单元是人教版《英语》八年级上册的第五单元，单元主题语境是人与社会，单元话题Entertainment是紧贴学生生活而学生又相当感兴趣的，教材中大量的范例引导学生就不同电视节目、电影类型表达喜好并谈论原因。

在内容编排上，Section A通过图文将学生带入"谈论电视节目"的语境中，并呈现了不同电视节目类型的表达方式，以及句型A：What do you think of...? B：I don't mind them. / I can't stand them. / I love watching them.用来表达对各类电视节目的偏好。Section A部分的重点是学习电视节目类型的名称，掌握谈论喜好的句型，以及初步建立动词不定式的意识。Section A的话题主要围绕电视节目（TV shows）而展开，Section B在此基础上拓展了电影这个话题，学习和运用恰当的形容词进一步表述喜欢或不喜欢某种电视节目和电影的原因。本部分的难点是阅读和写作，阅读语篇中涉及一些美国文化，还涉及一些长句与语义的深层表达，需要学生具备一定的文化知识，并在文章上下文语境中体会语言表达的真实含义。

通过对以上单元教材的整体分析，我们厘清其主题意义就是通过对电视节目和电影的喜好探讨，学生一方面能够积极自信地表达自己的喜好；另一方面可以就不同节目的价值属性，树立健康合理规划课余时间的意识。

二、单元教学目标 Unit Goals

1. 语言能力目标

通过听、读、看等方式，学生能够学会谈论对不同类型的电视节目或电影的看法与偏好，并较为准确地说明原因。

2. 文化意识目标

通过阅读文章学习，学生能够了解卡通片在美国文化中的作用，以及美国的著名卡通片和诸如米老鼠等的卡通形象。

3. 思维品质目标

通过听说活动和小组探讨，学生能够表达自己的喜好并能接受不同的观点；同时，就不同节目的价值属性，学生能树立健康合理规划课余时间的意识。

4. 学习能力目标

学生在语言学习中把握文字传递的感情色彩，比如：love，like，don't mind；don't like等。在特定的文本中，学会用时间轴的阅读方式厘清文章脉络和结构。

三、单元核心任务 Core Task

写一篇小文章：谈论对不同类型的电视节目或电影的喜好，并阐述原因。

四、单元学习划分 Unit Plan（图2-3-2）

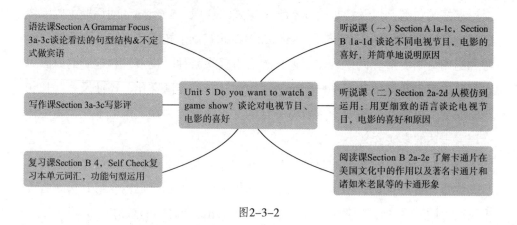

语法课Section A Grammar Focus，3a-3c谈论看法的句型结构&不定式做宾语

听说课（一）Section A 1a-1c, Section B 1a-1d 谈论不同电视节目，电影的喜好，并简单地说明原因

Unit 5 Do you want to watch a game show？谈论对电视节目、电影的喜好

听说课（二）Section 2a-2d 从模仿到运用：用更细致的语言谈论电视节目，电影的喜好和原因

写作课Section 3a-3c写影评

复习课Section B 4，Self Check复习本单元词汇，功能句型运用

阅读课Section B 2a-2e 了解卡通片在美国文化中的作用以及著名卡通片和诸如米老鼠等的卡通形象

图2-3-2

五、本课时教学设计 Teaching Design

1. Analysis of Teaching Contents

本次授课内容是人教版《英语》（Go for it！）八年级上册Unit 5 Section A 2a-2d的内容，课型为听说课。本单元重点话题内容是谈论对电视节目的喜好。在1a-1c中，学生已基本掌握电视节目单词以及部分关键句型。在继续谈论对电视节目的喜好基础上，本节课将探讨学生喜欢某电视节目的原因。根据《课程标准》，在教学环节设计上，笔者主要运用任务型教学法及情景交际法，创设贴近现实生活的场景，培养学生合作学习的能力。另外依据英语学习四大关键核心素养——语言能力、学习能力、思维品质、文化意识，在课程设计上关注学生听、说、读、写能力，并注重对学习能力的培养和情感输入。基于本课听说课的属性，口头表达能力是本课的关注重点，学习者口语能力的培养要经历从输入到控制性输出，再到创造性输出的过程（鲁子问，2010）。基于这一理念，在2d大对话的处理上，笔者在学生整体感知对话后分解出相应的几部分进行内容呈现以及操练，分解任务完成后，再引导学生进行整体感知，并在最后设计生成性的活动，指导学生运用所学到的知识，在新的情境和相关话题中生成新的精彩对话，从而培养学生的交际策略，提升学生的交际能力。另外，与读写教学课相比，听说教学课在整体性设计上与其有较大差距，所以在这堂课的设计上，笔者也会多关注环节与环节之间的逻辑关联，避免课堂

碎片化现象。

在本节课设计中，笔者旨在：①激起学生对本课话题的兴趣：引入的视频和电视节目短语呈现的方式都是时下比较贴近学生生活的；Role-play中的选数字回答问题的方式能激起学生的好奇心；②合作学习：Pair work和"I'm the boss of my channel"活动中能锻炼学生的合作学习能力。同时整堂课采取小组积分制，这样能增强小组成员合作活动的有效性；③关注教学环节之间的有效关联，寻求整体性设计和与教学目标相关联的教学内容、教学情境、教学活动和评价活动，形成教、学、评一致的结构化体系；④引导学生树立正确的价值观：引入Susan的参赛视频以及本堂课结束时的升华，激励学生成为充满正能量的人。在讨论以及完成任务的过程中，学生学会换位思考，在与同伴交流时汲取有益的生活经验，能以更加积极的心态面对成长的烦恼和生活中的问题，形成正确的价值观和人生观。这一过程也使课堂真正成为育智、育德和育人的课堂。

2. 课时教学目标 Teaching Objectives

在本课学习后，学生能够做到以下几点。

（1）快速识别和熟练表达电视节目：news, sitcom, soap opera, sports show, talent show, game show, talk show.

（2）运用基本句型—What do you think of...?

—I love them. / I like them. / I don't mind them.

—I don't like them. / I can't stand them.

—Why?

—Because they are interesting.

谈论电视节目并熟练表达自己的看法。

（3）通过对观点的提问和表达来学习如何去尊重别人的意见和选择。

（4）在对事物产生不同意见时，学会包容不同、接受差异。

3. 学习评价任务 Evaluation Tasks

Task 1 教师展示相关电视节目的图片、音频和视频，选取英语基础较薄弱的学生进行回答。

Task 2 学生以小组为单位，根据教师的示范，模仿着用"What do you think of..." "I love/like..." "Because they are..."创编对话，讨论对电视节目的喜好

并简单说明原因，全班展示。

Task 3 学生带着任务完成听力中circle和fill in the blanks的任务，检测学生对短语和句型的掌握程度，随机选取学生进行回答。

Task 4 在Role play中，以文本为基础，学生任选数字，数字后面对应的是相应的任务，检测学生对长对话的理解。

Task 5 开放性任务：以小组的形式，每组为一个电视频道，选择喜欢的电视节目并阐明原因，最后每组推荐一个reporter汇报。评价标准是：语音清晰，语句正确，大方自然。通过小组互评、师生共评评出最佳方案。

4. 教学活动与设计意图 Teaching Procedures & Purposes（表2-3-2）

表2-3-2

教学步骤 Steps	教学活动 Activities	设计意图 Purposes
Lead-in	播放英国达人秀苏珊大妈的视频。	引出话题TV shows。
Guess the TV shows	用图片、视频、音频呈现TV shows。	借助多模态的呈现形式激发学生兴趣，也检测学生基本语言点掌握程度。
Show time	Pair work：talk about the TV shows.	学生在句型结构的控制下进行简单讨论，让学生熟悉目标语，并能简单地发表观点。
Listening	Circle & Fill in the blanks.	听力活动在原教材的基础上进行了一定的改变，第一个听力活动由原来的number the TV shows改为在多个电视节目中circle the TV shows，这样难度稍微增加了一些，不至于让后面的听力活动难度陡然增加而让学生无准备。第二个听力活动改变了几个填空位置的设置，降低了难度，同时也练习了电视节目的掌握程度。
Role-play	Choose the number and do the task.	2d的文本内容理解较简单，可以当作简单的阅读文本处理，8个数字分别代表8个活动，每个活动附带相应的分值，这样在训练学生从文本中快速获取关键信息能力的同时，也能达到激起学生兴趣的目的。

续 表

教学步骤 Steps	教学活动 Activities	设计意图 Purposes
I'm the boss of my channel（group work）.	Group work: 1. Give a name to your channel. 2. Choose 3 TV shows for your channel and say why. 3. Choose a reporter to report your result.	作为本课最后的产出活动，通过小组活动的形式让学生充分发表对各个电视节目的看法，并为自己的频道选择喜欢的电视节目，同时阐明原因。这样一方面能够锻炼学生合作学习的能力；另一方面也能让学生在自主选择中提升主动性。
Summary	It's OK to have different opinions about the same thing. 再次借用Susan的例子延伸主题：Life is like a show, we should try to show the best of ourselves!	教师在教学设计中不能仅仅考虑口语交际练习涉及的语言知识和语言技能，也应考虑在此基础上如何培养学生积极的情感以及正确的价值观和人生观等（陆锋，2019）。

5. 板书设计与设计意图 Blackboard Design & Purposes

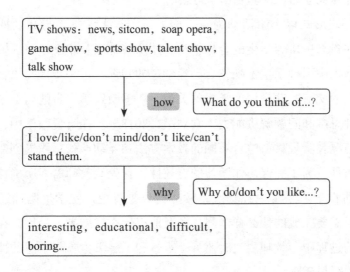

板书呈现的内容是本节课的目标语言：重要的单词短语和句型结构，本节课的主要目标就是学生能够运用目标语言谈论对电视节目的喜好并说明原因。板书内容既是对本课重点知识的呈现，也是学生学习过程中的一个参考。

六、课例评析 Case Analysis

本节课作为Unit 5的Section A的第二课时，话题重点谈论对电视节目的喜好，这些与学生日常生活密切相关，易于学生交际交流。在基于第一节课已经对电视节目单词以及部分基本句型练习的基础上，本节课进一步谈论学生喜欢某电视节目的原因，并适时进行情感输入。根据教学设计和教学实施的情况，本节课有以下几点值得学习和借鉴。

1. 联系学生生活，活动情境化，重在激发学生的兴趣

本节课的总体设计体现了新课程标准中的从学生的学习兴趣、生活体验和认知水平出发，倡导体验、实践、参与、合作与交流的学习方式等教学理念。从学生主体发展出发，情境化的教学活动能够使学习任务与现实生活联系起来，激发学生积极主动地参与课堂学习活动；学生能够在情境化的活动中感知语言，了解文化，内化学习内容，发展思维品质。在听说教学中，教师可以设计与教学内容相关的角色扮演、小品剧、改编故事等活动情境，鼓励学生将所学知识迁移应用到真实的情景之中，进而对已学知识再次进行加工、重组和内化。

2. 协作探究学习，培养合作学习意识

课堂组织形式以小组活动为主，增加每个学生课堂参与和发挥个性特长的机会，在参与中培养学生的合作精神、团队精神以及相互学习、资源共享的意识，在活动中引导学生不断整合已经学过的知识，进一步提高语言的应用能力。同伴间的交流互动是深度学习的关键，能够激发学习者的内部学习动机，培养批判性思维和问题解决能力（常立娜，2018）。在听说教学中，需要教师根据学生情况及听说材料整合不同的教学方法和互动形式，积极创造生生间交流互动的条件。为了确保协作学习的有效性，首先，教师需要明确该环节是否适合通过协作学习来实现；其次，教师指令要清楚，使学生明确通过协作学习，自己所需要完成的什么样学习任务及取得什么样结果；最后，在学生开展协作学习的过程中，教师要实时监督，观察和了解学生参与学习的情况，确保协作学习的顺利开展。

3. 注重学生自主创新思维的培养

梅德明、王蔷（2018）指出：英语学习与思维能力的提高关系十分密切。思维品质的发展有利于提高学生分析问题和解决问题的能力。在英语教学实践中，只有教师有意识、有计划、有重点地培养和发展学生的思维能力，学生思维的逻辑性、批判性和创新性才能得到有效提高。为培养学生思维的创新性，教师要善于将现实问题引入课堂教学，创设有趣、有意义且富有挑战的社会生活情境。在本课教学活动设计中，通过新旧知识的融合点，找到话题情境的迁移点，为学生的综合语言运用活动创设开放的交际情境，充分尊重学生的观点，也尽量创造真实的场景让学生畅所欲言，有话可说、有话想说、有话会说，从而进行创造性的活动。

4. 基于教材结构特点，制定阶梯性整体任务目标和评价任务

首先，本课例以电视节目这一主题为主线，由浅入深、由单一到综合、由语言输入到输出，构成具有阶梯性和系统性的完整任务链。每个任务目标围绕主题，实现了知识、技能、策略、情感、文化五个目标维度的多点关联，使人文性目标和工具性目标融为一体，实现学习内容以任务为单位的系统性建构。

七、课外拓展资源

关于肥皂剧、华特·迪士尼、好莱坞的文化背景知识介绍。

1. 肥皂剧

肥皂剧，又称"泡沫剧"，是西方广播及电视节目的一种形式。之所以称作"肥皂剧"，是因为最早这类广播节目的商业赞助者大多为肥皂制造商，后来电视业兴起后亦沿用了这个名字。最早的肥皂剧为1930年广播播出的《绘制的梦想》（*Painted Dreams*），由于过多地插播广告，因此并不十分成功。第一部大型肥皂剧为1951年开播的《寻找明日》（*Search for Tomorrow*）。

肥皂剧的特点在于投资成本低、内容轻松诙谐、剧情拖沓、集数多、时间持续长，是一种休闲消遣或消磨时光的好方式。肥皂剧这一电视形式曾一度被西方学界和舆论认为是低级的电视节目，是社会层次和文化层次不高的观众群体的一种消遣方式。由于其广大的受众面，近二十年来，肥皂剧已被社会接纳和认可，并打上了"美国元素"的烙印。

2. 华特·迪士尼（Walt Disney）

他是美国著名动画大师、企业家、导演及电影制片人。他创作的米老鼠成为全世界家喻户晓的卡通形象。他与其兄洛伊·迪士尼（Roy O. Disney）共同创办了世界著名的迪士尼公司，该公司制作出诸如《白雪公主和七个小矮人》

《小鹿斑比》《灰姑娘》等大量优秀动画影片，创造了许许多多受世人喜爱的卡通角色。影视事业成功后，他又创建了家喻户晓的迪士尼乐园。

3. 好莱坞（Hollywood）

好莱坞是美国洛杉矶郊外的一个地名，这里依山傍水，四季如春，景色宜人。20世纪初，随着新兴的电影事业蓬勃发展，美国影片制作人士发现这里有理想的自然环境，可用来进行电影外景拍摄。于是，从1911年第一个摄影棚在此搭建后，好莱坞逐步发展为一个庞大的电影城，"好莱坞"也在无形中成为美国电影的代名词。实际上，好莱坞不仅是一个电影王国，也是美国电视、广播、音乐等文化艺术产业中心，同时还是旅游胜地。好莱坞自诞生至今，孕育出无数世界顶级电影导演和明星，在美国乃至国际电影业中发挥着重要作用。

Unit 5 Do you want to watch a game show?
Section B 2a–2e 阅读课

张宗妮

一、单元整体分析 Unit Analysis

本单元是人教版《英语》八年级上册的第五单元，主题语境是人与自我，单元话题是Entertainment，学生结合生活实际，谈论对不同类型的电视节目或电影的看法与喜好，并使用不同的形容词清晰地表达自己的观点和看法，最后用影评的形式介绍一部自己喜爱的电影及其喜欢的原因。

在内容编排上，Section A主要通过听、说的方式呈现了不同的电视节目类型及其英文表达方式，同时，展示了学生对各类电视节目的喜好及其喜爱原因的表达方式，比如常见句型等。从不同类型电视节目的表达方式到对各类电视节目的喜好的表达方式，学生能够结合自身实际，体会所学词汇、句型等在真实语境中的使用情况，并在模仿语言和进一步拓展该话题等方面找到范例，以此为基础，在之后的Section B中加强实践。Section B在不同类型电视节目的基础上拓展了"电影"这个话题。通过听说课，将"电视节目"和"电影"两个话题完全融合。从电视节目到电影，学生自然过渡到使用不同的形容词进一步深入谈论不同的电视节目和电影类型并表达自己的喜好。阅读语篇进一步延续"电影"这个话题，围绕卡通片这一电影类型展开。2b这篇文章主要谈论了一个为学生所熟知的美国卡通形象——米老鼠Mickey。学生通过阅读此语篇可以了解到卡通片在美国文化中的地位，特别是Mickey的诞生和成名过程以及人们喜欢它的原因，体会到"小人物"的成长史和成功史。在此基础上，写作板块的教学内容就要求学生以写影评的形式，在使用本单元目标语言的基础上，结合文化知识，介绍一部自己喜爱的电影并说明原因。

通过以上单元教材的整体分析，本单元的主题意义就是通过了解不同类型电视节目或电影的背景、内容和文化内涵，学生学会判断和总结其优缺点，提高独立思考和辨析的能力，并能够结合实际情况清楚地表达自己的观点和看法。

二、单元教学目标 Unit Goals

1. 语言能力目标

通过听、说、读、看、写等方式，学生学习各类电视节目和电影的英语表达，熟练掌握并学会运用表达不同观点和看法的形容词以及表达喜好的句型；能够用影评的形式介绍一部自己喜爱的电影，并阐释清楚喜爱的原因。

2. 文化意识目标

通过听、说的形式，学生了解各类电视节目和电影的背景、内容等，能够判断、分析不同电视节目和电影的优缺点并清楚地表达自己的看法和观点；通过阅读关于米老鼠Mickey的语篇内容，学生了解成功的卡通背后所包含的西方文化内涵，同时，通过介绍、对比优秀的中国卡通形象，学生能够总结出"小人物"的成长史和成功史，并结合自身，领悟到平凡人物通过努力也能获得成功。

3. 思维品质目标

通过学习本单元内容，学生能够正确使用不同的形容词和句型来表达对不同类型电视节目和电影的看法和喜好；能够辩证地看待不同类型的电视节目和电影。

4.学习能力目标

通过课堂上的听力练习、交际用语的学习和运用，学生能够掌握呈现不同感情色彩的表达方式；通过教材上的阅读训练和补充的阅读训练，学生能够培养和训练自己泛读和精读的阅读技能，并运用思维导图等方法阅读、分析同类型语篇，从而锻炼自己的理解迁移能力。

三、单元核心任务 Core Task

用英语写一篇影评来介绍你喜欢的一部电影并说明喜欢的原因。

四、单元学习划分 Unit Plan（图2-3-3）

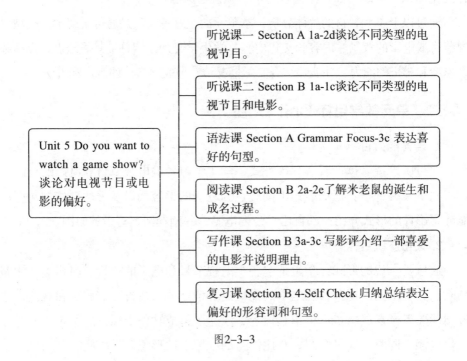

图2-3-3

五、本课时教学设计 Teaching design

1.教学内容分析 Analysis of Teaching Contents

本单元话题是Entertainment，主要讨论对不同电视节目和电影的看法和喜好。本课时是本单元的第四课时，为一节阅读课，授课内容是Section B 2a-2e。延续电影的话题，本节课主要介绍了美国卡通电影中耳熟能详的卡通形象米老鼠Mickey。学生们通过本课时的读前、读中的学习能够了解卡通片在美国文化中的地位，特别是"小人物"Mickey的诞生、成名过程以及人们喜欢它的原因；通过读后的补充阅读，对比中国卡通形象中的"小人物"阿宝，学生能够总结出"小人物"的成长史和成功史，并结合自身，领悟到平凡人物也能通过努力获得成功。

2. 课时教学目标 Teaching Objectives

（1）学生学习一些重点词汇和短语，例如culture，famous，appear，become，rich，successful，might，main，reason，common，film，unlucky，lose，girlfriend，ready，be ready to，character，simple等。

（2）学生学习和了解"小人物"Mickey的诞生、成名过程，人们喜欢它的原因，以及它所代表的西方文化知识；通过阅读和对比中国卡通形象中的"小人物"阿宝，学生能够总结出"小人物"的成长史和成功史，并结合自身，领悟到平凡人物也能通过努力获得成功的道理。

（3）学生能够正确使用不同的形容词来表达事物的特征以及对不同事物的看法和喜好。

（4）通过泛读训练，学生能够快速归纳语篇段落大意。

（5）通过精读训练，学生能够在语篇中寻找到各种有效信息并整理使用。

（6）在思维导图的引导下，通过寻找和获取各种直接和间接信息，学生能够利用一些关键词或句子来归纳总结"小人物"的成长过程和成功的原因。

（7）通过阅读同类型语篇，学生能够再次利用思维导图分析中国卡通形象中相似的"小人物"阿宝。

3. 学习评价任务 Evaluation Tasks

Task 1 教师展示不同电视节目的图片，学生根据图片回答"What TV show is it？"随机选取中等或中等偏下的学生进行回答。

Task 2 教师展示不同电视节目和电影的图片，学生根据图片回答"What TV show do you like？"随机选取学生进行回答。

Task 3 学生快速阅读Section B 2b，将各自然段大意和相应段落连线，随机选取学生进行回答。

Task 4 学生仔细阅读Section B 2b，带着任务和要求获取关键的有效信息，并准确完成各个自然段对应的阅读任务，随机选取学生检验完成效果。

Task 5 根据思维导图中的图片提示和阅读中所获取的重要有效信息，学生完成 "Mickey's mind map"，随机选取学生检验完成效果。

Task 6 开放性任务：小组合作，阅读关于中国卡通形象阿宝的语篇，结合 "Mickey's mind map"，完成 "A Bao's mind map"。评价点为：思维导图清晰、要点齐全、重点突出。通过小组互评、师生共评评出优秀思维导图。

Task 7 根据Mickey和阿宝的思维导图，学生结合自身，归纳总结"小人物"成功的几大要素，全体学生讨论并集体作答。

4. 教学活动与设计意图 Teaching Procedures & Purposes（表2-3-3）

表2-3-3

教学步骤 Steps	教学活动 Activities	设计意图 Purposes
Lead-in	课前播放《超能陆战队》主题曲。	引出本节课的话题是电影类型cartoon。
Pre-reading	教师展示不同电视节目和电影的图片，学生根据图片回答问题 "What TV show is it?".	借助图片，帮助学生复习不同种类的电视节目和电影的表达方式，并借此引入新词汇的学习。
	通过视频和图片，教师教授本课时重要的新词汇。	借助视频和图片，学生猜测并学习新词汇，加深印象。
	教师展示不同电视节目和电影的图片，学生根据图片回答问题 "What TV show do you like?"	帮助学生复习对不同电视节目和电影的喜好的表达方式，并借此引入话题cartoon。
	学生回答问题 "What cartoon character do you like?"并根据视频猜测是哪个卡通人物。	借此引入Section B 2b中的主人公Mickey Mouse。
While-reading Fast-reading	学生快速阅读2b，将各自然段大意和相应段落连线。	学生完成泛读训练，掌握语篇大意。
Detail-reading	学生仔细阅读第一自然段，完成 "Who is Mickey?" 的思维导图。	学生完成第一自然段的精读训练，利用思维导图获得Mickey的全部基本信息。
	学生仔细阅读第三自然段，完成 "How successful is Mickey?" 的填空题。	学生完成第三自然段的精读训练，总结Mickey成功的具体表现，并借此引入第二自然段其成功（受欢迎）的原因。

续 表

教学步骤 Steps	教学活动 Activities	设计意图 Purposes
Detail-reading	学生仔细阅读第二自然段，完成"Why did Mickey become so popular？"的问答题。	学生完成第二自然段的精读训练，总结Mickey受欢迎的三个原因。
	根据思维导图和附带的图片提示，学生完成"Mickey's mind map"。	借助思维导图和各自然段完成的阅读任务，学生汇总在阅读中所获得的所有有效信息并能够根据思维导图复述整篇文章。
Post-reading	教师播放视频，简单介绍中国卡通形象阿宝。	从美国卡通形象过渡到中国卡通形象。
	学生小组活动：阅读关于功夫熊猫阿宝的语篇，并画出关于阿宝各个方面信息的思维导图。	通过阅读同类型语篇，学生能够利用思维导图进行阅读技能的训练和迁移。
	学生讨论Mickey和阿宝的相似之处，结合自身，归纳总结"小人物"成功的几大要素。	学生能够领悟"小人物"成功所需要的三个要素，并能够将这三个要素实践在自己的学习和生活中。

5. 板书设计与设计意图 Blackboard Design & Purpose

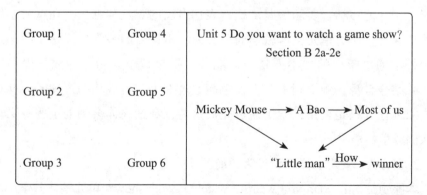

通过此板书设计，学生能够清晰地推导出Mickey、阿宝和他们自身之间的相似之处，即大家都是"小人物"，并进一步归纳总结出"小人物"要成为winner的几大要素，最终帮助学生领悟并牢记本课时最重要的教学目标，即文化意识目标。

六、课例评析 Case Analysis

本节课是一节阅读课，学生通过读前、读中、读后的各项任务，实现旧词汇和句型的复习以及新词汇的学习，同时培养和训练了阅读的几项技能并进行了有效迁移。

根据教学设计和教学实施的情况，本节课有以下几点值得学习和借鉴。

1. 阅读为"标"，主题意义为"本"

在Entertainment这一总话题下，本课例介绍了电影这个话题下的卡通这一类型，介绍家喻户晓的美国卡通形象Mickey的诞生和成名过程以及人们喜欢它的原因，在补充阅读中则介绍了中国卡通形象阿宝的类似相关信息。学生通过读前、读中、读后一系列体现逻辑性和层次性的任务，完成了主题活动，即以思维导图的形式概括总结语篇中所包含的关于Mickey的所有重要有效信息并能够复述此语篇，在此基础上也完成了关于阿宝的思维导图。至此，本节阅读课的基本目标已达成，但这不是本节课想要达成的最终目标。本单元所做的教学设计是主题意义探究下的单元整体教学。根据前文所做的单元整体分析，本单元的主题意义是通过了解不同类型电视节目或电影的背景、内容和文化内涵，学生学会判断和总结其优缺点，提高独立思考和辨析的能力，并能够结合实际情况清楚地表达自己的观点和看法。在这一主题意义的指导下，作为单元整体教学的一部分，本课时的最终目标是学生通过对比中外卡通电影中的"小人物"，能够总结出"小人物"的成长史和成功史，并结合自身，领悟到平凡人物也能通过努力获得成功的道理。由此可见完成阅读任务只是表象，学生通过完成这些任务最终体会到的主题意义才是本课例教学的根本。

2. 目标为"靶"，逆向设计为"箭"

本课题是Unit 5 Do you want to watch a game show? 单元整体教学中的一个课时，和其他五个课时一起充分体现了目标—评价—过程的逆向设计思路。本单元开始做教学设计时，首先确定的是预期结果，即单元整体教学目标，这些目标包含了英语核心素养的四个维度：语言能力、文化意识、思维品质和学习能力（参见前文的单元教学目标分析），本课时的教学目标则包含于本单元的整体教学目标之中，并且体现了英语核心素养的四个维度。这些教学目标就好比这节课要击中的"箭靶"。确定了整体教学目标后,又设计了相应的合适的评价任务,目的就是证明学生的理解和掌握程度,并检测学生是否达到预设的教学目标,比如,本课时需要完成关于Mickey和阿宝的思维导图,学生的完成情况就能反映其对语篇的理解和掌握程度。这些评价任务是到达"箭靶"的必经途径。确定合适的评估证据之后就是最后的教学步骤的精心设计。学生需要具备哪些知识和技能才能完成评价达成目标?在本课时中,学生需要的就是语篇中的有效信息和对比、分析、总结能力。总的来说,本单元和本课时的逆向设计思路就好比一支箭,按照既定的轨迹,准确地击中目标这个"箭靶"。

3. 教材为"主",补充阅读为"辅"

本课例是一节阅读课,教材的Section B 2b的语篇是本节课的主要教学内容。学生通过一系列的阅读活动,以思维导图的形式掌握了关于Mickey的所有有效信息,并对本课时的主题意义即"小人物"也有自己的成功之道,有了初步的领悟。在这种情况下,在读后活动中加入了同类型语篇的阅读,学生可以利用同类型语篇马上进行阅读技能的迁移和再次训练,并通过对比、分析、归纳,自己总结出本课时完整的主题意义:"小人物"也有成为winner的一天,只要具备了几大要素,作为学生,亦是如此。再次完成相似阅读任务的这一过程激活了学生的迁移和概括能力。这也是为了学生阅读技能的长期发展而必须要添加的阅读训练。教材为"主",但教学的目的不是教教材,而是用教材教,由此可见,辅助性的课外阅读材料是必不可少的。

七、课外拓展资源

(1)阅读不同类型的中外电影的英语影评,例如:

Do you know A Bao, the black and white panda with a lovely round belly (肚子)? In 2008, he first appeared in the cartoon *Kung Fu Panda*. This cartoon tells how A Bao beat all the "bad men" and became the hero in ancient (古代的) China. When this cartoon first came out on June 6, 2008, a large number of people went to the cinema to watch the magic panda. Now Kung Fu Panda Ⅲ has come out.

A Bao became famous and popular. One of the main reasons is that A Bao was like every one of us, just a common person. He had shortcomings (缺点), too.

For example，he was greedy（贪吃）. However，finally he was ready to face any danger and tried to save all the people around him. People liked to see the "little man" become the winner and wanted to be like him.

In 2009，*Kung Fu Panda* got the nomination（提名）of Oscar Award（奥斯卡奖）. A Bao became one of the best spokesmen（代言人）of Chinese Kung Fu. We are looking forward to A Bao's next story.

（摘自学生影评）

（2）观看关于"小人物"的中外优秀电影、电视剧，比如《阿甘正传》和《士兵突击》，尝试用英语写影评，例如：

Forrest Gump is a man who is short in intelligence but rich in mind! It is impossible for us to make the wildest guess at what achievements he could fulfill. History does not recount whether a man regarded as "stupid" can do so many amazing things，but the fact is that he does gain a great deal of unexpected fame and success.

The deep impression that the movie gives me is that he just keeps running all the time. Mr. Gump，it seems，has run into the university，the White House and even the whole continent. Sometimes I wonder if we all misunderstand the true meaning of smart and clever，for Mr. Gump has taught us a very different lesson. From my point of view， kindness and simplicity is the cleverest wealth that God has given us.

But of the human beings，unpredictable Nature selected only Forrest Gump，one wonders also why Nature，with him，made it possible that people who was treated as a fool can surely make a difference. Mr. Gump's success is no accident. There is no doubt that ordinary people like you and me can live a rich life by perseverance!

（摘自网络）

Unit 6 I'm going to study computer science.
Section B 2a–2e 阅读课

曹 笛

一、单元整体分析 Unit Analysis

本单元是人教版《英语》八年级上册的第六单元，主题语境是人与自我，单元话题Life goals属于生活与学习主题群下的未来职业发展趋势、个人职业倾向、未来规划和树立积极的生活态度等子主题，通过口头和书面语篇谈论未来，树立自己的生活目标和制订相应的学习计划。

在内容编排上，Section A1a-1c主要通过听、说的方式谈论未来职业，引出本单元重要话题——Life goals，2a-2b对单元话题和句型进行了拓展，对如何实现理想的打算进行了扩充，接着2d设置了更为真实的情境——与他人交流自己未来的职业。该对话中的Ken谈到自己正在拜读海明威的作品，打算坚持写故事，实现未来成为一名作家的梦想，帮助学生树立为实现人生理想而努力的决心和信心。从谈论理想的内容、生活目标到实现理想的举措等方面层层深入，给学生提供了充分的语言支架。Section B延续了这一编写特色，围绕"新年计划（New Year's resolutions）话题展开，通过听说课了解和学习新年计划的习俗，在阅读语篇中resolutions的定义、种类、特性等，激发学生思考resolutions的真正意义。写作板块的教学内容要求学生在听、说、读的基础上，以书面语篇写出自己的生活目标并制订相应的计划。

通过对以上单元教材的整体分析，我们厘清其主题意义就是通过学习未来职业和新年计划，了解中外学生的择业观，让学生学会认识自我，树立健康积极的生活目标，并制订相应的学习计划。

二、单元教学目标 Unit Goals

1. 语言能力目标

通过听、说、读、看等方式，学生能够了解不同的职业；能够用口头和书面的方式介绍人生目标及如何实现目标。

2. 文化意识目标

通过听、读关于个人理想和新年计划等语篇内容，学生能够树立人生理想并为之付诸行动的决心和信心。

3. 思维品质目标

通过学习本单元内容，学生能够结合自身实际情况，评判是否有必要制订新年计划的观点，并尝试自己去解决问题并迁移运用到自己的生活中。

4. 学习能力目标

能够运用看主题图、读标题等方式预测学习内容，运用勾画关键词、概括总结等方式推测大意和作者写作意图，运用思维导图帮助自己了解语篇脉络，推断信息的逻辑关系。

三、单元核心任务 Core Task

用英语写出自己的生活目标并制订相应的计划。

四、单元学习划分 Unit Plan（图2-3-4）

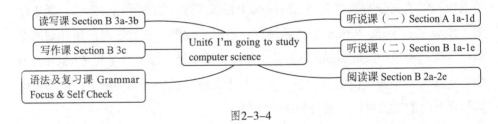

图2-3-4

五、本课时教学设计 Teaching design

1. 教学内容分析 Analysis of Teaching Contents

本单元话题是生活目标（Life Goals），主要讨论对未来的打算（Talk about future intentions）——长大后的职业选择和下决心去实现梦想。本课时是本单元的第三课时，授课内容是Section B 2a-2e，本篇阅读材料一共有三个自然段：第一自然段介绍了resolution的定义，最常见的resolution是什么，人们在什么时候、为什么以及怎样下决心；第二自然段介绍了resolution的种类并举例；第三自然段探讨了人们对make resolutions的不同看法。文章段落清晰，前两段是对文本信息的找寻，属于对信息的浅层理解。文本的精华应该是在第三自然段，作者提出了人们的质疑：The best resolution is to have no resolution。这里引导学生深入地进行讨论，有助于培养他们的思维品质。从本单元的编排可以看出，编者是鼓励学生制订计划和目标的，并且本单元的核心任务是要求学生写出自己的决心。在最后要引导学生解决实际问题，找出对策，引导他们根据总结出的对策采取行动，并迁移运用到实际生活当中。

基于此分析，本文的主线确定为：Make resolutions→break resolutions→keep resolutions。怎样Keep resolutions应该是本课让学生意识到的主旨，而文中几乎没有提及。于是教师又设计了一条keep resolutions的分线贯穿整堂课，即resolution—reason—plan—action，尝试引导学生自己找到解决办法，并最终制订自己的新年计划，树立正确的情感价值观升华文章主题。

2. 课时教学目标 Teaching Objectives

（1）通过听、说、读、写等活动，学生能正确使用下列词汇和表达：promise，be able to，improve，at the beginning of，write down，take up，have to do with等。

（2）通过略读概括段落大意，抓关键词精读回填及寻读获取细节信息完成思维导图等活动，提高学生提取和概括主要信息的学习能力和语言能力。

（3）通过小组讨论文中观点，培养学生小组合作意识，培养学生运用语言表达不同观点的语言能力和思维品质。

（4）通过分析教师Keep resolutions的方法，培养学生运用语言表达问题并给予解决办法的语言能力和思维品质。

（5）通过制订新年计划，引导学生正确树立生活目标并为此制订计划，培养学生的语言能力、思维品质和文化意识。

3. 学习评价任务 Evaluation Tasks

Task 1 教师谈论自己的resolution，接着由自己的resolution过渡到学生的resolution，学生根据图片回答Did you make any resolutions last year? Were you able to keep them? 选取英语学习基础中等的学生进行回答。

　　Task 2 学生找出关键词，通过读上下句回填句子，并通过找关键词分享理由，随机选取学生进行回答。

　　Task 3 学生略读文章，通过找主旨句完成大意匹配，随机选取学生检验完成效果。

　　Task 4 学生精读第一段，填空，了解resolution的细节信息，包括What is a resolution? Why do people make resolutions? When do people make resolutions? How do they keep resolutions? 完成思维导图，随机选取学生进行回答。

　　Task 5 精读第二段，填空，获取resolution的种类和例子，并说出更多种类的resolutions，随机选取学生进行回答。

　　Task 6 学生回答第三段的问题，小组讨论，分享关于Is the best resolution to have no resolution? 的观点，随机选取学生小组交流展示。

　　Task 7 开放性任务：学生回答教师提出的问题，积极总结keep resolutions的四个步骤，即make resolutions—think out reasons—make plans—take actions。根据这个步骤，运用本课所学词汇、句型传达信息，制订出自己的新年计划并分享。

4. 教学活动与设计意图 Teaching Procedures & Purposes（表2-3-4）

表2-3-4

教学步骤 Steps		教学活动 Activities	设计意图 Purposes
教学导入	1. Free Talk	由贴近生活的"双十一"话题引入： 1. What date was it yesterday? 2. Did you buy anything? 3. Can you guess what I bought on Double 11th? 引出教师的Resolution：I'm going to save 24,000 *yuan* by December. Reasons：I am going to take my daughter to Shanghai Disneyland. Plans：I am going to save 2,000 *yuan* every month. I promise to spend less on online shopping. Actions： didn't buy anything on Double Eleven. So far, I have already saved 22,000 *yuan*.	活跃氛围，拉近师生间的距离，引出本课话题，并与学生真实地交流展示How to keep resolutions的四个步骤：make resolutions—think out reasons—make plans—take actions，让学生有一个整体感知。

教学步骤 Steps		教学活动 Activities	设计意图 Purposes
教学 导入	2. Pre-reading	由自己的resolution过渡到学生的resolution。询问学生：Did you make any resolutions last year? Were you able to keep them?	让学生联系自身实际谈谈resolutions，为接下来的阅读做好铺垫。
教学 活动	3. While -reading	1. 引导学生通过抓关键词回填句子，把文章补充完整。	帮助学生把文章补充完整，达成教学目标1，2。
		2. 引导学生通过找主旨句概括段落大意。	帮助学生了解文章大意，达成目标2。
		3. 引导学生精读第一段，完成思维导图第一部分，找出What is a resolution? Why do people make resolutions? When do people make resolutions? How do they keep resolutions? 等细节问题。	帮助学生获取细节信息，达成目标2。
		4. 引导学生精读第二段，找出What are the kinds of resolutions? 和What examples are there? 并补充更多种类的resolutions。	帮助学生厘清第二段的脉络，并且拓宽视野，达成目标2。
		5. 引导学生精读第三段，回答问题。鼓励学生分享讨论"Is the best resolution to have no resolution?"并通过分享名言表达教师自己的观点：Don't be pushed by your problems，be led by your dreams.	帮助学生厘清原因和结果，并通过表达观点培养学生的批判性思维，同时希望学生能树立正确的生活目标，达成目标2，3，5。
	4. Post-reading	1. 引导学生分析教师keep resolutions的方法，询问学生：How can we keep our resolutions?尝试找出make resolutions—think out reasons—make plans—take actions四个步骤，并拼成一只蝴蝶，寓意破茧成蝶。	帮助学生找出问题，并思考如何keep resolutions，鼓励他们努力达成目标，达成目标4，5。
		2. 引导学生根据总结出的keep resolutions的方法，制订自己的新年计划。	鼓励学生制订自己的新年计划并努力实现，达成目标5。
总结 提升		3. 情感升华，总结出要相信自己，采取行动，做出改变。	鼓励学生相信自己，努力做出改变，去实现自己的梦想，达成目标5。

续 表

教学步骤 Steps		教学活动 Activities	设计意图 Purposes
总结提升	5. Homework	1. 鼓励学生写下自己的新年愿望并贴到愿望板上。 2. 上网查询更多keep resolutions的方法，与同伴分享并运用到实际生活当中。	复习巩固本课所学，迁移运用到实际生活。

5. 板书设计与设计意图 Blackboard Design & Purpose

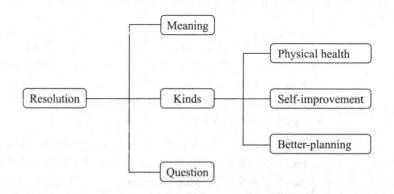

通过思维导图板书设计，学生对本课时内容进行结构化学习和回顾，更好地帮助学生提炼本课内容框架和骨架知识，帮助学生记住本课结构、信息，促进知识迁移和灵活运用。

六、课例评析 Case Analysis

本节阅读课的教学目标明确、具体，可操作、可达成、可评价；教学任务的设置紧紧围绕教学目标展开，环环相扣，层层递进。从课堂反馈来看，学生参与度高，教学目标基本达成。

根据教学设计和教学实施的情况，本节课有以下几点值得学习和借鉴。

1. 探究主题意义，教学主线明晰

学生对主题意义的探究是学生学习语言最重要的内容，直接影响学生语篇理解的程度、思维发展的水平和语言学习的成效。教师应深度研读语篇，挖掘出文本深层次的内涵，提炼出阅读课的主题，以意义为主线，使阅读过程服务于对主题意义的探究与建构。

通过分析文本，教师确定以keep resolutions这根主线串联教学活动，按照resolutions—reasons—plans—actions四个环节推进教学过程，进而升华文章主题，引导学生树立正确的情感价值观。

2. 围绕主题意义探究，实践英语学习活动观

英语学习活动观是从主题开始，基于学生已知，依托语篇，提出问题，以解决问题为目的来开展一系列相互关联的活动；强调为主题意义的探究而组织相关活动，让学生能够探究意义，且对信息进行梳理整合、内化运用、分析比较、赏析评价，最后形成迁移创新能力（教育部，2018）。本课例教学环节层层递进。在话题导入环节，通过谈论"双十一"，引出resolution话题，激活学生对本话题已有的知识经验，使学生用已有的语言知识尝试表达话题；在文本阅读环节，通过句子回填和段落大意配对，学生分析出了文章结构；然后通过完成结构图，学生提取、梳理和整合了语篇信息，并在潜移默化中学习了语言。在此基础上，找出文中的观点"The best resolution is to have no resolution"，小组内进行批判性讨论，发表自己观点。再在小组讨论和教师的引导下，学生尝试探讨keep resolutions的办法，并最终在这个解决办法下，联系自身实际制定自己的resolution，完成了语言的有效输出。活动的设计包括了学习理解类的感知与注意、获取与梳理、概括与整合，应用实践类的描述与阐释、分析与判断、内化与运用以及迁移与创造的批判和评价、想象和创造。教学活动体现了正确的价值观，帮助学生实现深度学习，促进核心素养的落实。

3. 落实核心素养，体现学科育人价值

在本节阅读课中，教师通过引导学生充分挖掘resolution背后的内涵，提升了学生对resolution的认知，并且对keep resolutions的价值观进行了积极地引领。在课堂上，通过略读概括段落大意，抓关键词精读回填及寻读获取细节信息完成思维导图等活动，学生的语言能力和学习能力得到了发展，通过小组讨论"Is the best resolution to have no resolution？"培养学生小组合作意识，分析教师keep resolutions的方法，培养学生运用语言表达问题并给予解决办法，培养学生运用语言表达不同观点的语言能力和思维品质；再通过制订新年计划，引导学生正确树立生活目标并为此制订计划，培养学生的语言能力、思维品质和文化意识。所以在本节课中，学生的语言能力得到发展，文化意识得以塑造，思维得到启迪，学习能力得以提高。所有这一切真正体现了英语学科育人的理念和价值，实现了核心素养的落实。

4. 教、学、评一体化，实现以评促学、以评促教

完整的教学活动包括教、学、评三个方面（教育部，2018）。为实现课程目标，教师必须构建与目标一致的课程内容和教学方式，也就是将教学目标和学习结果整合到评价任务和课堂活动中，确保教学、学习与评价的一致性。（王蔷，2019）。由此可见，实施教、学、评一体化是有效教学的必要途径。本课就采用了教、学、评一体化的理念进行设计和实施，较好地达成了教学目标，促进了学科核心素养的形成。主要体现在以下方面：

（1）有明确的出发点和落脚点；通过分析文本，采用了逆向设计的思路。本课有清晰的教学目标和达成目标的步骤和方法，体现了学生的学习过程，并有监控和评价措施，实现了对教学的实际指导。

（2）所有的教学活动服务目标的实现，体现学生主动探究意义的过程；体现语言、文化和思维的有机融合，体现学生的认知过程。

（3）所有的活动同时也是评价任务。在学生完成活动的过程中，教师实时监测学生是否达到了预期目标，对其进行动态调整和改进，并根据学习内容和学习预期效果采用多种方式检测学生的学习成效。

（4）从学习效果来看，学生获得了关于resolution的知识，丰富了相关经验，能力也有所提升。学生的语言能力、文化意识、思维品质和学习能力都得到了有效发展。

总体而言，从教的方面来看，在本节课上，教师能较好地把握英语学科素养的培养方向，通过有效组织和实施教与学的活动，培养学生的核心素养；从学的方面来看，学生能在教师的指导下，通过主动参与各种语言实践活动，将学科知识和技能转化为自身的学科核心素养；从评的方面来看，教师能依据教学目标确定评价内容和评价标准，组织和引导学生完成以评价为导向的多种评价活动，并以此监控学生的学习过程，检测教与学的效果，实现了以评促学和以评促教。

七、课外拓展资源

Task 1 Read Para.1 and fill in the blanks（图2-3-5）.

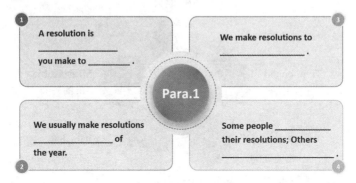

图2-3-5

Task 2 Read Para.2. What are the kinds of resolutions（图2-3-6）？

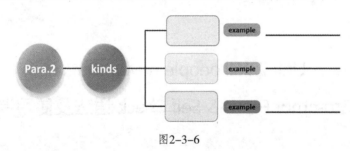

图2-3-6

Task 3 Read Para.3 and find out reasons（图2-3-7）.

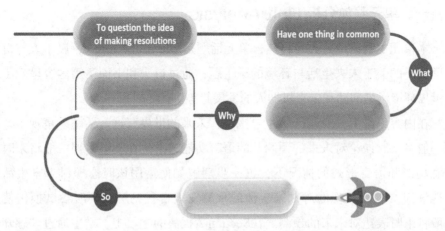

图2-3-7

Task 4 了解SMART原则后完善自己制定的目标（图2-3-8）。

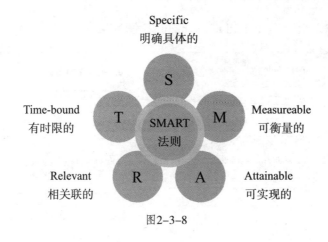

图2-3-8

Unit 7 Will people have robots?
Grammar Focus & Self Check 语法及复习课

陈 茹

一、单元整体分析 Unit Analysis

本单元主题语境是人与自然，单元话题是Life in the future，属于人与自然主题群下的关于未来生活与环境的子主题，通过口头和书面语篇内容呈现了当今世界环境污染问题和未来机器人的发展趋势。

在内容编排上，Section A主要围绕"未来的世界"这一话题，呈现了"运用一般将来时谈论对未来的预测"的语言功能，学生在能够掌握一般将来时的表意功能和语言形式的情况下，进一步理解如何运用该时态探讨未来生活，并能够对文本所呈现的对未来生活的预测发表自我见解，同时尝试模仿使用一般将来时表达对未来的预测。在Section A板块的学习中，学生通过"感知—学习—内化—迁移"的方法达到对核心知识的理解与运用。Section B板块由

Section A板块"谈论未来的世界"的话题拓展到"谈论个人未来生活"的话题。设计思路延续Section A的方法,让学生在听说课中去感知未来生活,在阅读课中去理解与学习未来机器人的发展,并能够走出文本去预测机器人的未来发展情况,在写作课中通过描述自己二十年后的生活,对本单元目标语言进行输出,体现了对知识的内化与迁移。

通过对以上单元教材的整体分析,我们厘清其主题意义就是通过了解未来世界、感知未来生活,学生能够理解绿色、低碳、健康生活方式的重要意义,并明白未来科技必将改变人类的生活方式。

二、单元教学目标 Unit Goals

1. 语言能力目标

通过听、说、读、看、写,学生能正确使用本单元核心词汇与表达,如paper,pollution,future,play a part;能正确使用more,less,fewer表示数量;能正确使用一般将来时谈论对未来的预测。

2. 文化意识目标

通过听、说及语篇的学习,学生能了解未来世界、感知未来生活,能够理解绿色、低碳、健康生活方式的重要意义,并且明白未来科技必将改变人类的生活方式。

3. 思维品质目标

通过学习本单元内容,学生能客观看待环境污染问题,并以科学理性的方式分析问题、解决问题;同时,就未来科技带给人类生活的利与弊,能够通过语篇的学习形成自己独特的见解,并学会倾听与分享。

4. 学习能力目标

能根据语境正确、灵活地使用一般将来时态;能学习使用"主题词"归类的方法记忆词汇与表达;能在阅读中尝试概括段落大意,加强对语篇的整体理解。

三、单元核心任务 Core Task

用英语描述自己二十年后的生活。

四、单元学习划分 Unit Plan（图2-3-9）

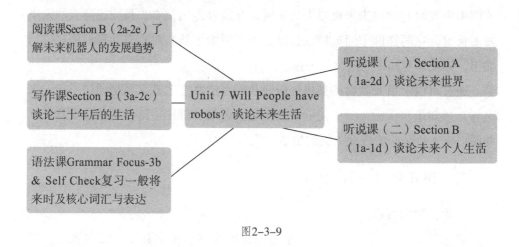

阅读课Section B（2a-2e）了解未来机器人的发展趋势

写作课Section B（3a-2c）谈论二十年后的生活

语法课Grammar Focus-3b & Self Check复习一般将来时及核心词汇与表达

Unit 7 Will People have robots? 谈论未来生活

听说课（一）Section A（1a-2d）谈论未来世界

听说课（二）Section B（1a-1d）谈论未来个人生活

图2-3-9

五、本课时教学设计 Teaching design

1. 教学内容分析 Analysis of Teaching Contents

本单元话题是未来生活，主要谈论未来的世界及个人的未来生活。本课时是本单元的第五课时，授课内容是Grammar Focus-3b及Self Check。Grammar Focus部分呈现了本单元核心语法句型，意在帮助学生归纳、梳理本单元的重要句式结构和语言特点；3a，3b的练习帮助学生巩固和熟练运用本单元目标语言，并将其逐渐内化。Self Check意在帮助学生复习、巩固more，less和fewer表示数量的用法，以及用一般将来时谈论对未来的预测的语言功能。

2. 课时教学目标 Teaching Objectives

（1）通过自学拼读，学生能正确拼读出关于未来世界的词汇与表达，如：peace，sea，build，sky.

（2）通过梳理归纳，学生能进一步理解一般将来时的表意功能和语言形式。

（3）通过巩固训练，学生能在不同语境中正确使用more，less和fewer表示数量的用法。

（4）能理解并制作思维导图，从学习方式、居住环境、人类寿命、休闲娱乐、职业梦想这五个维度谈论未来智能机器人对人类生活的影响与改变。

（5）能就"人工智能改变人类生活方式"话题中的利与弊展开辩论，发表自我见解，并能合理辩驳他人观点。

3. 学习评价任务 Evaluation Tasks

Task 1 回顾单元话题。回忆并抢答本课所呈现过的对未来的预测，回归 Grammar Focus复习预测内容；巩固助动词will表将来的用法，形容词比较级 more，less，fewer修饰可数名词或不可数名词的用法及回顾there be句型。

Task 2 巩固词汇&语法。完成3a，根据语境选择用more，less，fewer填空，并在Self Check 1中用本单元重点词汇的正确形式填空。

Task 3 巩固句型&语法。从学习方式、居住环境、人类寿命、休闲娱乐、职业梦想这五个维度在3b 及Self Check 2 中写下自己对未来的预测。

Task 4 制作思维导图。小组合作学习，制作思维导图，从任务3的五个维度谈一谈未来智能机器人对人类生活的影响与改变。

Task 5 研讨辩论、探究学习。组建正、反两方就任务4中具有争议的观点开展辩论活动；要求思路清晰、言之成理、语言表达尽量精炼准确。

4. 教学活动与设计意图 Teaching Procedures & Purposes（表2-3-5）

表2-3-5

教学步骤 Steps	教学活动 Activities	设计意图 Purposes
回顾单元话题	回忆并抢答本课所呈现过的对未来的预测，梳理复习本单元核心语法。	通过本单元的学习，能够从未来工作、交通、居住、环境等不同角度了解对未来的预测；抢答之后，通过"信息差"从话题讨论过渡到Grammar Focus，复习本单元的核心语法。
巩固词汇&语法	用本单元重点词汇more，less，fewer填空完成3a。	巩固任务1核心语法more，less，fewer的用法并强化本单元重点词汇在此语法背景下单复数的变化形式。
巩固句型&语法	在3b 及Self Check 2 中根据上下文语境和自己对未来的预期，从学习方式、居住环境、人类寿命、休闲娱乐、职业梦想等方面写下自己对未来的预测。	强化任务2中对核心语法的运用；巩固助动词will 的陈述句、一般疑问句及特殊疑问句的用法并复习there be句型；学会从不同的角度思考并谈论对未来的预测。

续 表

教学步骤 Steps	教学活动 Activities	设计意图 Purposes
制作思维导图	小组合作学习，制作思维导图，从任务3的五个维度谈一谈未来智能机器人对人类生活的影响及改变。	提升综合语言能力，强化巩固任务3中对核心语法、重点词汇及目标语言的运用；理解在人工智能时代背景下科技带给我们的改变，并学会多角度地思考智能机器人的意义与功效。
研讨辩论、探究学习	组建正、反两方就任务4中具有争议的观点开展辩论活动。要求思路清晰、言之有理、语言表达尽量精炼准确。	以任务4为基础进行拓展延伸，学会思辨及深度思考机器人对人类生活的改变，提升思维品质；在辩论过程中，生生互评、教师点评形成有效的评价机制。

5. 板书设计与设计意图 Blackboard Design & Purpose

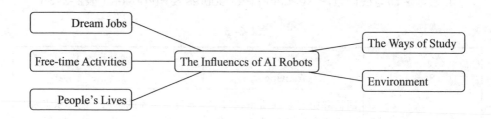

通过思维导图板书设计，学生能以结构化、逻辑化的方式对所学知识进行内化与迁移，结合对语篇中智能机器人的理解，模仿本单元的核心句式与表达，创新性地从学习方式、居住环境、人类寿命、休闲娱乐、职业梦想这五个维度对人类的未来生活方式进行联想与预测。

六、课例评析 Case Analysis

本节课是一节语法复习课，紧扣"未来生活与环境"这个主题，以"巩固复习—实践运用—迁移创新"为学习策略开展由浅入深的梯度式复习。

根据教学设计和教学实施的情况，本节课有以下几点值得学习和借鉴。

1. 探究主题意义，落实核心素养

为了全面落实立德树人的教育根本任务，《课标》提出了英语学科核心素养的概念，主要包括语言能力、文化意识、思维品质和学习能力四个要素，同时也指出：“英语课程应该把对主题意义的探究视为教与学的核心任务，并以此整合学习内容，引领学生语言能力、文化意识、思维品质和学习能力的融合发展。”（教育部，2018）

本课例的设计以单元主题“未来生活与环境”为中心，融合英语核心素养步步展开。巩固复习阶段以文本中对未来生活的预测为依托，引导学生回归单元主题，在语篇中巩固复习本单元的核心句式与表达，并通过控制与半控制式的评价方式对所学知识展开实践运用；同时，结合阅读文本中对未来机器人发展的探究，让学生理解人工智能理念，并走出课本，从不同的维度去思考智能机器人对人类未来生活的影响及改变；最后，还能对他人观点提出质疑，开展辩论，拓展主题意义，培养批判性高阶思维品质。

2. 强化目标意识，开展逆向设计

格兰特·威金斯、杰伊·麦克泰格（2017）指出：“逆向设计是以目标为导向的。我们以具体的结果作为目标，然后根据这些结果相应地进行逆向设计。我们的课堂、单元和课程在逻辑上应该从想要达到的学习结果导出，而不是从我们所擅长的教法、教材和活动导出。课程应该展示达到特定学习结果的最佳方式。”

本课例的设计充分体现了目标—评价—过程的逆向设计思路。首先，明确单元整体目标，再根据总目标设定每个课时的目标，课时目标以听、说、读、看、写的多元学习技能培养学生的综合语言能力，最终实现总目标的达成。其次，教学评价以教学目标为导向，体现了学生能够完成学习任务、达到预期效果的检测目的。教学过程以教学目标为导向，以教学评价为依托，体现了教、学、评一致性。

3. 建构语篇主题意义，培养创新思维

建构语篇主题意义就是解读语篇形式结构的过程。语篇是表达意义的语言单位（胡曙中，2021）。

本课例的设计是基于语篇，探究主题新意义的过程。学生可以通过一系列学习评价任务去实现对主题意义的深度挖掘、对语篇知识的迁移与创新。每一步教学设计围绕本课主题展开，以搭建“脚手架”的方式由浅入深梯度式设计，并整合教材对语法知识进行巩固复习，再进一步引导学生拓展主题意义，从文本中"谈论未来世界""谈论未来生活"迁移到"探讨人工智能对人类未来生活的影响及改变"。学生能与课本对话、与同伴对话、与自己对话，通过批判性思维训练，从而获得属于自己对未来世界客观、理性的思考。

Unit 8 How do you make a banana milk shake?
Section B 2a–2e 阅读课

张 凌

一、单元整体分析 Unit Analysis

本单元是人教版《英语》八年级上册的第八单元，主题语境是人与社会，单元话题cooking属于社会与文化主题群下的食物制作主题，通过语篇介绍了西方传统节日感恩节的来历和庆祝方式。

在内容编排上，Section A主要围绕"食物制作"这一话题展开，呈现了食物制作的动词及短语（turn on，pour ...into，put ...in，cook for）、食物名词（milk shake，ice-cream，yogurt，watermelon，honey，cabbage，carrots，potatoes）、调味品名词（salt，sugar）、容器或器材的名词（blender，pot）以及表示制作顺序的副词（first，then，next，finally）等。其中有一部分的核心句型是描述食物制作顺序的祈使句以及用How many / How much ...? 提问的句型。要求学生能够听懂关于食物制作的对话，能够按照提示语做事情，并获取关于食物的原材料和量的相关信息，还要求学生能模仿输入的语言，围绕食物的原材料、需要的量以及制作过程生成并输出自己的语言。本部分的重点是学习祈使句以及用How many / How much ...? 提问的句型，其中还涉及动词和动词短语的使用、量词的表达等。本部分的难点是量词的准确表达，如a cup of，three pieces of，two spoons of等。学生需要通过大量的口头练习，才能达到对目标语言的准确、熟练运用。

Section B谈论了三明治和美国感恩节大餐所吃的传统食物——火鸡的制

作，呈现了与三明治制作以及感恩节相关的词汇，让学生通过听、说、读、写活动，进一步巩固食物制作过程的表达，并了解与美国感恩节有关的文化背景和风俗习惯，同时引导学生用英语正确表达中国的传统节日和食品名称。Section B 部分的重点是巩固食物制作的相关描述。本部分的学习难点是了解阅读材料中关于美国感恩节历史文化的相关内容。在情感态度和跨文化交际方面，让学生通过学习了解美国特定节日的传统食物，引发学生联想中国节日以及家乡的风味小吃，在语言能力上要求学生能尝试用英语介绍相关内容，旨在激发学生对家乡的热爱之情，同时体验中西方饮食文化的差异。

通过对以上单元教材的整体分析，我们厘清了其主题意义就是通过学习中外食物的制作，了解中西方饮食文化的基本差异，让学生学会沟通和相互理解，提高跨文化交际意识，并增强学生对中国传统文化的自信心和自豪感。

二、单元教学目标 Unit Goals

1. 语言能力目标

通过听、读、看等方式，学生能够用英语正确描述食物的制作步骤，并依照指示语完成步骤；能够口头介绍中国人在特殊节日所吃的传统食物，并在学习和使用语言表达的过程中形成语言意识和语感；通过阅读，学生能够了解关于美国感恩节历史文化的相关内容，包括节日时间、庆祝原因、庆祝方式以及相关故事。

2. 文化意识目标

通过学习，了解中西方各种食物的制作方法，学生能够联想中国节日以及家乡的风味小吃，能够比较中外节日的共同点与不同点，体验和正确对待中西方饮食文化差异，理解并认同中西方饮食优秀文化，汲取其精华，坚定文化自信，不盲目效仿西方文化，形成自尊、自信、自强的良好品格；通过亲自制作食物，学生能够体会到劳动成果的来之不易，学会感恩父母、教师和他人，学会做人做事，成长为有文明素养和社会责任感的人；通过对各地饮食的了解，学生能对家乡产生热爱之情，具有家国情怀，提升跨文化交际意识，提高民族文化自信。

3. 思维品质目标

通过学习本单元的内容，学生能够辩证看待中西方饮食文化的基本差异，分析辨别中西方饮食中健康的习惯和不健康的习惯；能结合自己的实际情况，从跨文化视角提出庆祝传统节日的创新饮食方式，表达自己的观点。

4.学习能力目标

能够运用看图、看视频、读标题等方式预测本单元学习内容，运用勾画关键词、概括总结等方式推测大意和作者的写作意图，运用思维导图帮助自己了解语篇脉络，组织提炼自己对待西方文化的观点。评价、反思和调整自己的学习内容和进程，提升英语学习效率的意识和能力。

三、单元核心任务 Core Task

用英语正确描述制作步骤并依照指示语完成步骤，了解中西方饮食文化的差异。

四、单元学习划分 Unit Plan（图2-3-10）

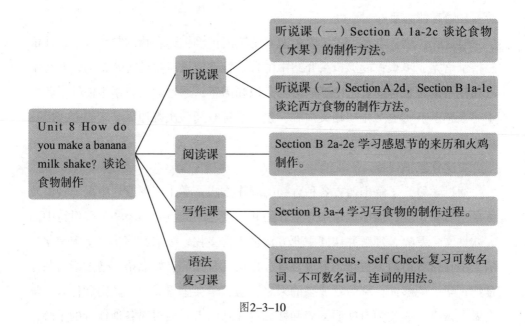

图2-3-10

五、本课时教学设计 Teaching design

1. 教学内容分析 Analysis of Teaching Contents

本单元话题是食物制作，主要学习描述食物的制作步骤。本课时是本单元的第四课时，授课内容是Section B 2a-2e，谈论美国的感恩节以及感恩节的传统食物——火鸡制作的内容。学生们通过本课时学习，可以更好地了解西方传统节日的来历和人们庆祝节日的方式，比较中西方文化的异同，增强跨文化意识和文化自信。

2. 课时教学目标 Teaching Objectives

（1）通过自学拼读音标，学生能正确读出以下单词和词组：Thanksgiving，traditional，autumn，traveler，England，celebrate，mix，pepper，fill，oven，plate，cover，gravy，mix...；fill...with...；put...in...；place...on...；cover...with...；cut...into...，并能正确使用这些单词和词组造句。

（2）通过听、看的学习方式，学生能用英语说出中国部分传统佳节的名字以及对应节日的传统食物。

（3）通过阅读，学生能提取美国感恩节的来历和庆祝感恩节的方式等相关信息，完成教材上的阅读任务，构建思维导图，并结合文章和思维导图复述课文。

（4）通过实物操作，学生能在四人小组中用英语描述制作火鸡的过程和方法。

（5）通过本课的学习，学生能够运用语言比较中外节日的共同点与不同点，体验和正确对待中西方饮食文化的差异，理解并认同中西方饮食优秀文化，汲取其精华，坚定文化自信，不盲目效仿西方文化，形成自尊、自信、自强的良好品格。

（6）通过对感恩节和火鸡制作过程的介绍，学生认识到劳动成果的来之不易，并学会感恩父母、教师和他人。

3. 学习评价任务 Evaluation Tasks

Task 1 教师转换身份角色，学生猜教师在这节课担任的职业角色是什么。教师的身份为厨师，这节课要教学生制作火鸡。但是在这之前，学生要完成四个任务。随机选取学习基础中差学生进行回答。

Task 2 教师展示相关节日的视频和图片，学生根据视频和图片回答What festivals are they? What food do Chinese people usually eat on those days? 选取英语学习基础中下水平的学生进行回答。

Task 3 学生阅读文章之前，思考想通过文章了解关于Thanksgiving的哪些问题。随机选取学生进行回答。

Task 4 学生阅读文章Section B 2b，在文章中获取关键信息，准确回答问题和完成Section B 2C的相应任务Where do people celebrate Thanksgiving? When do people celebrate it? Why do people celebrate it? How do people celebrate it? What is the main dish of the Thanksgiving meal? 随机选取学生检验完成效果。

Task 5 学生四人一组，根据文章思维导图，运用"First ..., Next ..., Then ..., Finally ..."等连接词描述火鸡的制作过程，随机选取学生小组交流展示。

Task 6 开放性任务：小组合作，设计出新的情形势下，诸如面临新冠肺炎疫情，某个传统节日的庆祝方案，运用本课所学词汇、句型传达信息、表达观点。设计三个评价点：语言正确、内容合理新颖、表达自然流畅。通过小组互评、师生共评评出优秀方案。

4. 教学活动与设计意图 Teaching Procedures & Purposes（表2-3-6）

表2-3-6

教学步骤 Steps	教学活动 Activities	设计意图 Purposes
Warming-up	课前播放一段关于食物的视频。教师呈现和中国传统节日相关的音频，学生猜传统节日，呈现节日图片，学生学习中国四个传统节日的英语名称，并说出传统节日吃什么传统食物。	美食视频的播放吸引学生注意，引出本节课的话题"食物"。用听音频的方式猜节日，学生在学习英语的同时欣赏悦耳的音乐，享受传统美、感知传统美。
Lead-in	学生猜任课教师这节课的身份（教师的身份为厨师），学生要想学习火鸡制作的方法，必须完成教师设置的本节课的四个任务。	教师角色的改变吸引学生注意，厨师可以教学生食物的制作方法，从而引出本节课制作的食物——火鸡。任务型教学贯穿整个课堂，让学生有学习目标意识，更有兴趣完成本节课的教学任务。
Pre-reading	Task 1: 教师展示图片和视频，学生根据图片和视频回答问题"What festival is it？" "What food do people eat on that day？"	借助感恩节的图片和视频，通过看、听的方式让学生了解美国传统节日感恩节的来历以及相关的庆祝方式。

教学步骤 Steps	教学活动 Activities	设计意图 Purposes
While-reading	Task 2：学生阅读文章，完成2c、2d练习，并根据问题答案和文章脉络完成思维导图。 Task 3：听录音读课文，注意模仿录音的语音语调。 Task 4：复述课文。学生四人一组，根据文章思维导图和脉络结构，用自己的语言复述美国感恩节的来历。	通过阅读，培养学生提取相关信息的技能，提高学生的综合阅读能力。听录音，训练学生地道的语音语调，为复述课文做准备。
After-reading	四个任务完成后，教师开始教授制作火鸡。 I. 实物展示，学习制作火鸡所用到材料的英语词汇。 II. 学生以小组为单位，用课前准备好的打乱顺序的纸条对火鸡的制作方法进行排序。 III. 图片和食物同时展示，学生跟着教师学习用mix，fill…with，cover等词汇描述火鸡的制作过程。 IV. 完成教材2d. V. 学生四人一组，运用"First…,Next ..., Then ..., Finally ..."等连接词描述火鸡的制作过程。教师抽3～4个小组的学生上台用实物和英语表演展示火鸡的制作过程。教师给出评价标准，其他学生给他们打分。	用实物展示的方法，学生能够更加直观感受英语在实际生活的应用。 通过小组合作，培养学生小组合作意识，降低英语水平相对较差学生复述火鸡制作过程的难度，让他们有信心上台进行英语表达。
Summary	用Mind-map，学生回顾本节课所学内容。播放视频，学生跟读视频的内容。	视频的播放再次帮助学生认识到劳动成果的来之不易，并学会感恩父母、教师和他人。
Homework	学生为父母做一顿中国传统食物并拍照，第二天带到学校和同学分享制作过程。	为父母做饭，孝敬长辈。

5. 板书设计与设计意图 Blackboard Design & Purpose

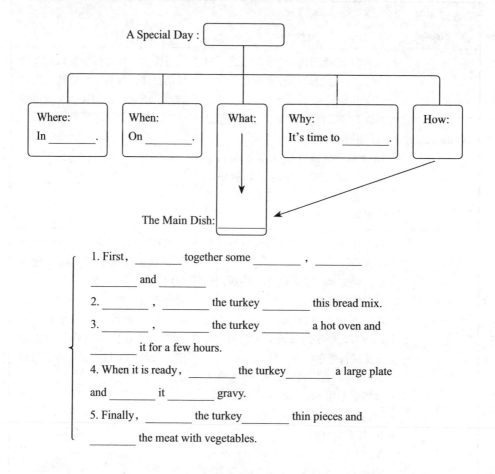

A Special Day :

Where:
In _____ .

When:
On _____ .

What:

Why:
It's time to _____ .

How:

The Main Dish: _____

1. First, _____ together some _____ , _____
_____ and _____
2. _____ , _____ the turkey _____ this bread mix.
3. _____ , _____ the turkey _____ a hot oven and
_____ it for a few hours.
4. When it is ready, _____ the turkey _____ a large plate
and _____ it _____ gravy.
5. Finally, _____ the turkey _____ thin pieces and
_____ the meat with vegetables.

通过思维导图板书设计，学生对本课时内容进行结构化学习和回顾，更好地帮助学生提炼本课内容框架和骨架知识，帮助学生记住本课关键知识、信息，促进知识迁移和灵活运用。

六、课例评析 Case Analysis

本节课是一节阅读课，听、说、读相结合，输入、内化、输出有机整合，学生在阅读任务中实现语言感知、体验和运用。

根据教学设计和教学实施的情况，本节课有以下几点值得学习和借鉴。

1. 聚焦主题，体现意义探究

指向学科核心素养的英语教学应以主题意义为引领，以语篇为依托，整合语言知识、文化意识、语言技能和学习策略等内容，创设具有综合性、关联性和实践性的学习活动。

本课例在美国感恩节这一话题下，学习美国感恩节的来历和庆祝方式，探究节日背后中西方文化和饮食习惯的差异。学生们通过完成看、读、讨论、展示、评价等系列任务，了解生活知识，增长生活阅历，培养实践操作能力和动手能力。课例设计以活动任务驱动、彼此关联，体现逻辑性和层次性，实现对主题活动"知晓美国感恩节的来历，了解食物的制作和按照指示语完成步骤"和主题意义"通过比较中西方文化异同，增强跨文化意识和中华民族文化自信"的探究。

2. 聚焦目标，开展逆向设计

本课例在单元整体教学设计框架下，充分体现了目标—评价—过程的逆向设计思想，总体设计单元整体目标：学生能够用英语正确描述食物的制作步骤并依照指示语完成步骤；了解关于美国感恩节历史文化的相关内容。课时目标为达成单元目标服务，在本课时目标导引下，精心设计评价任务。评价任务是为检测学生的学习目标达成情况而设计的检测项目，与目标一一对应，促成教学活动的针对性和实效性，在主题语境中贯穿听、读、说的活动，在活动中落实语言的运用和评价，实现了目标—教、学、评一致。

3. 注重建构，培养创新思维

学习是基于语篇内容，建构新意义的过程。本课例的设计不是按照教材编排的顺序一一罗列，而是通过创设有效的任务、问题和活动，促成了学生与文本、与教师、与同学的互动。在学习中西方传统节日活动以及火鸡制作方法中，学生需要创新思考如何在新的文化背景和社会环境下设计创新而合理的庆祝活动方案，引导学生从多角度进行思考，激活学生的创新思维、逻辑思维，理性表达自己的观点，在多元评价标准下，实现情感升华和新思想建构。

4. 教师只引路，学生为中心

本课例的教学设计和课堂呈现始终以学生为中心，教师只是起到指路、引导的作用。从对美国感恩节来历的感知、思维导图的构建到学生自己以实物用英语表达感恩节大餐火鸡的制作方法，都是通过教师的层层铺垫后，一步一步达到学以致用的目的。

第四章 人教版《英语》（Go for it!）八年级下册

Unit 1 What's the matter? Section A 1a-2d 听说课

牟芯瑶

一、单元整体分析 Unit Analysis

本单元是人教版《英语》八年级下册的第一单元，主题语境是人与自我和人与社会，单元话题是健康与急救（Health and first aid），主要学习有关伤病及处理建议的表达方式。

在内容编排上，Section A主要通过听、说的方式侧重健康及提出相关建议，借此学习、训练相关的语言结构。活动1a旨在介绍身体各个部位的词汇；1b和1c通过简单的听说活动向学生输入并操练有关询问和表达疾病或不适的基本词汇和表达方式；2a-2d侧重听说技能训练，并加入了医治及处理建议，综合性地训练了学生在该话题下的语言输入及输出水平；3a-3c活动利用公交车司机停车救人的故事，发展学生的阅读技能，学习更多相关的语言表达，为后面的语法总结与学习提供更多铺垫，并通过课堂讨论进行情感态度价值观的教育。Section B是Section A的继续和延伸。这一部分从Section A侧重谈论疾病及不适转向对事故伤害、急救的讨论，教育学生树立顽强的意志品质和果敢独立的精神，学习课文中主人翁热爱生活、珍惜生命、只要有一线希望就不会放弃的优良品质。写作板块的教学内容要求学生创设场景，编写对话，对健康急救的话题发表自己的观点及建议。

通过对以上单元教材内容的整体分析，我们厘清其主题意义就是通过学习对疾病的表达和如何提建议，让学生学会简单描述自己的健康状况，及如何询问对方的身体健康状况，同时也能对安全问题提出简单的建议和采取简单的急救措施，从而让学生热爱生活、珍惜生命。

二、单元教学目标 Unit Goals

教师要在分析和整合单元各语篇后，结合各板块内容的不同课型，根据语篇内容制定单元总目标和每节课的具体教学目标。

1. 语言能力目标

通过听、说等方式，学生能够学会身体各个部位的相关词汇；能够简单谈论健康问题与事故；能就健康与安全问题提出简单的建议，并且表达个人观点。

2. 文化意识目标

通过阅读Section B 2b，学生能够知晓阿伦·罗斯顿（Aron Ralston）的经历及其回忆录《生死两难》（*Between a Rock and a Hard Place*）。

3. 思维品质目标

学会描述自己身体的不适，表达自己的看法，使学生在人际交往中学会关心别人，增进情谊。

4. 学习能力目标

学生能听懂本课学习活动中的问题及回答，能在本课的任务型活动中进行简单交流。

三、单元核心任务 Core Task

用英语正确谈论健康问题，并对其提出简单建议。

四、单元学习划分 Unit Plan（表2-4-1）

表2-4-1

What's the matter?				
课时	课型	课时内容	语篇内容	语篇类型
第一课时	听说课	Section A 1a-2d	伤病及处理	对话
第二课时	听说课	Section B 1a-1d	伤病及处理	对话
第三课时	阅读课	Section A 3a-4	专题报道	新闻报道
第四课时	阅读课	Section B 2a-2e	人物介绍个人故事	记叙文
第五课时	写作课	Section B 3a-3b	伤病及处理	对话
第六课时	复习课	Grammar Focus Self Check		

五、本课时教学设计 Teaching design

1. 教学内容分析 Analysis of Teaching Contents

本单元话题是健康与急救，主要学习有关伤病及处理建议的表达方式。本课时是以本单元的第一课时听说课的教学设计为例，结合英语学习活动观，为学生设计了有情景、有层次、有时效的英语学习活动，实施深度教学。本课时授课内容是Section A 1a-2d，谈论身体某部位不舒服及相应的建议，学生们通过本课时的学习，能更好地运用英语表达身体的不适和相应的急救措施。

2. 课时教学目标 Teaching Objectives

每个课时目标的设定都要为达成单元整体目标服务，有机整合课程内容六要素，并根据教学实际需要有所侧重，避免脱离主题意义或碎片化的呈现方式。《课标》还要求教学目标应该可达成、可操作、可检测（教育部，2018）。根据以上原则，本课时教学目标如下。

（1）通过自然拼读法和音标知识，学生能正确读出身体部位和表症状的单词：foot, knee, neck, stomach, throat, matter, cough, fever, headache, nurse, blood, rest, X-ray。

（2）通过观察2a的图片内容，预判可能会发生的对话，并写下相关短语；

通过细读2b的听力任务，用生活常识预先设想拟定出答案。

（3）学生能正确运用以下句型：

What's the matter?

I have a stomachache /fever/headache/toothache/cough/sore throat.

What should I do? You should take her temperature.

（4）学生能在创设的语境中进行合理的角色扮演，如医生、病人等，并能给予有效建议。

3. 学习评价任务 Evaluation Tasks

Task 1 学生根据教师所指的身体部位说出相关单词。主要是针对英语学习基础中下的学生。

Task 2 学生能正确使用"have+（a）+病症"结构谈论健康问题。这部分可以随机选取学生进行回答。

Task 3 学生两人一组运用"What's the matter with you？""I have （a）..."描述自己的症状，随机选取学生交流展示。

Task 4 学生在听前先要仔细观察、阅读Section A 1b和2a、2b听力任务的图片和句子，然后预判，再带着任务和要求获取关键信息，准确回答问题和完成相应任务，随机选取学生检验完成效果。

Task 5 开放性任务：小组合作，情景设置。在新冠肺炎疫情下，假设你是医生或者病人，你应怎样用该课堂所学词汇、句型来表述你的观点和需求，同时给出建议。设计四个评价点：语言正确、内容合理新颖、表达自然流畅、表情自然又具有真情实感（表2-4-2）。通过小组互评、师生共评评出优秀方案。

表2-4-2

评价考量报		
评价项目	自评（★★★★★）	互评（★★★★★）
语言准确，完整	★★★★★	★★★★★
内容合理，新颖	★★★★★	★★★★★
表达流利，声音洪亮	★★★★★	★★★★★
表情自然，富有情感	★★★★★	★★★★★

4. 教学活动与设计意图 Teaching Procedures & Purposes（表2–4–3）

表2–4–3

教学步骤 Steps		教学活动 Activities	设计意图 Purposes
Lead-in （3分钟）		画丁老头儿的简笔画（一个丁老头儿，欠我两枚球，我说三天还，他说四天还，买了个鸭蛋，还有三根葱，花了三毛三，买了块豆腐，花了六毛六，一串糖葫芦，花了七毛七）。	复习身体部位的部分单词；提升学生们的兴趣以及本堂课的学习氛围；引出本单元的单元话题和本节课的教学目标。
Health problems 输入环节 （8分钟）		首先教师展示出儿科医院图片，让学生明白医院里会有医生和病人，然后让他们想象病人会有什么症状，再展示学生图片（在课前已经抽调本班部分学生拍照身体部位症状的图片），同时在教师提出的问题"What's the matter with you/her/him?" "I/She/He have/has...? "时，展示图片上的学生做着相对应的动作，让其他学生明白图片是什么意思，以及教师表达的是什么意思。最后反复操练此句型结构。	借助学生图片，充分调动学生的积极性，进一步提高学生的学习兴趣，在兴趣和真实图片情景下，增加学生学习的内驱动力，潜移默化地让学生学习掌握该句型。
Listening 输入环节 （10分钟）	Pre-listening	听前： 1. 针对1b的听力，Look at the picture. Then number the names.可以根据人名的性别与图片的对比做一个初步筛选。例如：Nancy是女名，图片只有2和4是女孩，所以只能从这两个中选。 2. 2a&2b的听力部分 观察听力题中的图片（例如：从图片得知，图1喉咙痛；图2牙痛；图3胃痛；图4发烧；图5割伤手指），写下跟图片匹配的关键字词短语；阅读文本内容，利用生活急救小常识大胆预判听力答案。	听力是在熟练掌握上面的短语后进行操作的，听前的大胆设想、预判、写关键词是听听力的必要技巧，做好了听力前的铺垫，可以降低听力的难度，提升学生听力的自信。

续 表

教学步骤 Steps		教学活动 Activities	设计意图 Purposes
Listening 输入环节 （10分钟）	While-listening	仔细听听力，抓住关键词，填写答案。	检测学生对听力的预判力和听力能力。
	After-listening	检查核实答案是否与听前预判相同，教师核对答案。	检测学生对听力的预判力和听力能力。
Advice （9分钟）	Suggestions （输入）	再次熟悉上面句型，并给出适当的建议。教师扮演医生的角色，针对各种症状如头痛、牙痛、背痛、喉咙痛等给予建议。	本堂课为听说课，在听的铺垫之后，说是必然。在学生自己会表达之前，由教师再一次进行说的输入。同时，教师扮演医生的角色是为学生增强趣味性，也为下一步学生的表演做好铺垫。
	student performance （输出）	四人一小组，角色扮演，创设真实语境。一名同学穿着医生服装，拿着医药箱，其他三人扮演病人。	语言的目的在于运用，通过本堂课的词汇、短语、句型的学习，让学生能正确地谈论健康问题并给予适当的建议。在此环节，对每个小组的表演给予及时的反馈和评价。
Reading （6分钟）		阅读2d部分，回答问题。	该部分原本为Role-play the conversation 环节，改编为阅读部分，作为对本堂课知识点的一个小检测。
Emotional sublimation and Homework（4分钟）		新冠肺炎疫情下的建议。	在新冠肺炎疫情下，学生应如何采取相应措施，同时让学生意识到健康的重要性。

在本次课例中，主要以培养学生英语学科核心素养为目标，通过学习理解、应用实践和迁移创新等关联性和层次性的学习活动来引导学生学习关于健康与急救的语言知识，发展听、说、读、写、看的语言技能；从语言输入到语

言内化，最后到语言输出，层层递进，循环上升，引导学生分析和解决新问题，思考人与人之间的友好关系，形成团结互助、和谐友好的人际关系氛围。

5. 板书设计与设计意图 Blackboard Design & Purpose

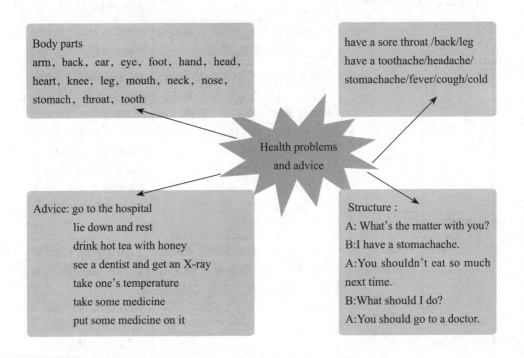

通过思维导图进行板书设计，可以促使学生对本课时的教学内容进行结构化学习和回顾，更好地帮助学生提炼本课内容框架和骨架知识，帮助学生记住本课关键知识、信息，促进知识迁移和灵活运用。

六、课例评析 Case Analysis

本节课是一节听说课，通过情景教学法、游戏教学法、多媒体辅助、任务型教学法等多元素的教学方法将听说课中的词汇、句型、语法、口语运用有机地融合到一起，既体现出了课堂的趣味性，也表现出了课堂的高效性。

根据教学设计和教学实施的情况，本节课有以下几点值得学习和借鉴。

1. 聚焦主题语境，单元整体设计

"主题"一词最早由德国人提出，"语境"最早由波兰人提出。主题语境教学突出了外语习得的特征：语言只有在具体的语境中才会焕发生命力。无论

是在人类的语言研究还是实际的语言运用与理解中，主题语境的运用都是至关重要的。而对于语言的理解与运用，也都是在语境的前提下进行的。主题语境对于学生理解词汇的意义以及句子的成分有着很重要的作用，它可以使学生在不理解某个词汇的情况下，使学生真正地融入某个句子的语境中，从而使学生理解句子的含义。将主题语境运用到英语教学中可以很好地帮助学生渗透思想情感，而且对促进阅读水平的提升有着巨大帮助。在英语语篇教学中，无论是教学设计还是教学实施，都不仅要关注传统的语篇教学内容，还需要落实学生"全面发展"的教育目标。为了实现这个目标，就需要教师在教学设计和课堂教学中聚焦主题语境，通过精细的教学设计，必要时辅以学生为主体的课堂演示，增进学生的学习体验和交流表达，实现课堂教学的"三教"，即教思考、教体验、教表达，提升学生的核心素养。

在备课时，笔者认真分析了单元教学内容，梳理并概括了与"What's the matter"这个生病主题相关的语言知识、文化知识、语言技能和学习策略，并根据学生的实际水平和学习需求确定了教学重点"正确运用相关句型"，统筹安排教学，最后在角色扮演这个教学活动中拓展主题意义。

2. 深入研读语篇，把握核心内容

课堂是师生生活和成长的地方，是课程以及教学、评价、学习等活动相互融合的综合体。课堂的核心应是以学生为主体，这就要求必须弄清楚这堂课要让学生理解什么，掌握什么。

首先，笔者深入研读了语篇，明确语篇的主题和内容；进而把握主题的意义，说话人的意图、情感和价值取向——病人是担心worried、着急anxious、信任trust、依赖rely on，医生是关切care about、冷静cold、帮助help，这也就是语篇的含义。

其次，笔者挖掘了其文化价值——人生病的时候是脆弱的，而医者，术也，德也；行医是一项很有意义的工作，能帮助到很多人，从而引导学生理解说话人的语气语调、肢体动作为什么是那样的，做一个有情感、有用的人，这也是英语教学的德育。

最后，笔者分析了文体特征和语言特点及其与主题意义的关联。上述这些都是落实英语核心素养目标、创设合理学习活动的重要前提。

有了这个目标，带着实践英语学习活动观，笔者设计了行之有效的学习活动。

3. 实践学习活动观，促进核心素养的有效形成

在研读语篇之后，笔者以培养学生英语学科核心素养为目标，通过提要求让学生画丁老头儿，从听（输入）的角度复习人体部位，同时提升学生的学习兴趣。学生能正确读出身体部位和表症状的单词：foot, knee, neck, stomach, throat, matter, cough, fever, headache, nurse, blood, rest, X-ray。

借助学生表演生病的图片，充分调动学生的积极性，与学生用英文自然对话，让学生有情感带入潜移默化地学习掌握该课重点句型"What's the matter？""I have a stomachache / fever / headache / toothache / cough / sore throat.""What should I do？You should take her temperature."并及时表达个人观点。

让学生在创设的语境中进行合理的角色扮演，如医生、病人等，并能给予有效建议。学生们穿上真正的医生服装，从药品箱里拿出真实的药，亲身感受医生和病人的角色，在教师的引导下，不断调整语速、语调、动作，让学生感知病人和医生的心情、语气和感受等，也让他们真正体会到健康的重要性、医生的重要性。

4. 创造学习条件，培养学习能力

在本堂课上，笔者创造了充分的学习条件。

运用思维导图，引导学生通过自主与合作相结合的方式，完成对信息的获取与梳理、概括与整合、内化与应用，教学生在零散的信息和新旧知识之间建立关联，归纳和提炼基于主题的新知识结构。

利用听诊器、白大褂、药品箱、桌椅等诊所设施，以及学生生病照片（扮演逼真）、平板录音、画画，等等，亲身感受医生和病人的真实的情境，与学生已有的知识和经验建立了紧密联系，直接、简洁、有效。

5. 课堂及时反馈，评价效应灵敏

《义务教育英语课程标准（2011年版）》指出，"学生是学习的主体，也是评价的主体"（教育部，2014：34）。教师给予学生的现场评价是学生课堂的及时反馈，有利于帮助学生回忆、总结、消化该课堂的知识点，使课堂达到有效性和及时性。在整堂课例中，教师对学生的学习评价任务一直贯穿始终。

而且针对不同基础的学生，有不同的学习评价任务，真正做到了因材施教。对于基础薄弱的学生，教师提出简单且全班同学必须弄懂的问题；对于基础扎实的学生，教师让他们进行综合性问题回答；拔优的学生可以对前两部分同学的回答进行判断和订正错误。在开放性活动任务中，小组合作，创设情景。通过语言的完整性、准确性，内容的合理性、新颖性，以及表达的自然性、流畅性且是否具有真情实感等多方位进行评估。做到小组互评、师生共评，最终评出优秀方案。

Unit 6 An old man tried to move the mountains.
Section A 1a –2c 听说课

蒲 实

一、单元整体分析 Unit Analysis

本单元是人教版《英语》（Go for it! ）八年级下册的第六单元，主题语境是人与社会，单元话题"传说和故事"属于小说、戏剧、诗歌、传记、文学简史、经典演讲、文学名著等子主题，通过口头和书面语篇介绍了中国神话故事和西方童话。

在内容编排上，Section A主要通过听、说的方式介绍中国民间神话故事。主题图呈现了女娲补天、后羿射日、西游记、愚公移山四个家喻户晓的神话故事。本部分以中国神话故事为主线，要求学生能够听懂用英语叙述的这四则中国传说及神话故事，并能够根据故事的相关信息发表自己的观点，模仿和运用故事中的语言。

1a-1c主要是通过主题图及听力活动导入单元话题；1a要求学生熟悉四个神话故事的英文名称（Journey to the West，Hou Yi Shoots the Suns，Nu Wa Repairs the Sky，Yu Gong Moves a Mountain）。1b让学生通过了解《愚公移山》这一传说故事的英文表述；1c则要求学生学会使用How does the story begin? What happened next? Where would they put all the earth and stone from the mountains? 一系列特殊疑问句进行问答，完成简单的语言输出。

2a-2c部分是听说教学。本部分的听力材料巩固和补充了1a-1c的语言输入，增加as soon as，but，so，finally等连词用于故事的叙述，使交际语言更丰富，更完整。活动2a引导学生依据四幅图片了解愚公移山的故事发展。2b部分引导学生关注故事细节的表述。2c部分要求学生基于听力输入，尝试用自己的语言讲述故事，进一步巩固讲述故事的核心词汇和句型。2d的对话呈现了学生就神话故事《愚公移山》展开的讨论，提供真实的对话范例，渗透批判性思维的培养。

Section A的教学重点是让学生讲述故事，在讲述过程中恰当使用连词。该部分的教学难点是将学生熟悉的中国神话故事内容转换为符合语言表达习惯和思维的语言表述。

Section B主要涉及西方童话故事《皇帝的新装》《糖果屋》等。在目标语言方面，该部分拓展了关于故事叙述的词汇和句式，阅读输入部分采用了戏剧形式来展现童话故事。通过该部分的听、说、读、写训练活动，学生能够更好地运用动词短语以及连词讲述故事。

活动1a-1d主要围绕着安徒生童话故事《皇帝的新装》进行听说训练。活动1a呈现了emperor，gold，silk，underwear四个词汇，要求学生初步理解词汇的含义，为听力做好词汇上的准备。活动1b让学生通过听来了解故事的情节发展，并将1c的图片按顺序标号。活动1c则要求学生捕捉关键的语言信息，关注look，see，shout，wear，give，keep，buy等动词的相关形式，学习cheat，stupid等新词汇。活动1d是听力的延续，学生借助图片将听到的信息用讲故事的形式进行恰当输出。

2a-2e为Section B的阅读板块。2a的读前活动从学生的已有知识出发，要求学生列出所知道的童话故事，并对*Sleeping Beauty*，*Cinderella*，*Little Red Riding Hood*三个童话故事谈谈自己的认识，为2b的阅读活动做准备。2b部分提供了《糖果屋》的部分剧本，学生初步理解戏剧的形式。2c部分提供了各场景的描述，帮助学生进一步了解各场景的主题。2d部分通过对文本细节的追问，引发学生的思考并运用所学语言表达自己的观点，有助于对文本的理解和巩固，为之后的语言输出提供丰富的信息储备。2e部分要求学生根据对剧本的理解，尝试运用所学语言进行戏剧表演。

3a-3b部分是一个模仿性写作训练板块，要求学生在听、说、读的基础上，尝试简单的语言输出，体现写作的渐进性和过程性指导。3a是一个写前活动，让学生通过写关键词回顾相关的动词和短语，为3b的写作做准备。3b主要让学生体验剧本概要的写作过程，完成词语填空练习。

Section B部分的教学重点是了解西方童话故事的表现形式，尝试用表演或内容概括的形式进行语言输出。教学难点是剧本的演绎和词汇的恰当使用。阅读文本拓展了一些常用词汇和短语，这不仅是对单元语言目标的巩固，更为后面的书面表达提供了参考词汇，引导学生用英语进行表述。

通过对以上单元教材的整体分析，我们厘清其主题意义就是通过学习中外神话和童话故事，激发和培养学生学习英语的兴趣，理解并体会传说和故事的教育意义，让学生能理解优美的传说和有趣的故事，掌握故事的基本结构，在讲述自己喜爱的故事的同时，能够培养批判性思维，提高跨文化交流意识，并增强学生对中国传统文化的自信心和自豪感。

二、单元教学目标 Unit Goals

1. 语言能力目标

通过听、读、看等方式，学生能够了解一些典型的中外神话、童话故事；能够用口头和书面的方式讲述中外神话、童话故事，掌握如何用过去时态讲述一个故事，并用"unless，as soon as，so...that..."等引导的状语从句来连接故事，描述古老的传说和有趣的故事。

2. 文化意识目标

通过听、读中国神话故事和西方童话故事等语篇内容，学生能够领悟坚韧不拔的品格和助人为乐的精神，能够学会主动去帮助处于困境中的人们，能够在遇到困难时勇敢面对，决不放弃；能够比较中外文化的共同点与不同点，提升跨文化交流意识，提高民族文化自信。

3. 思维品质目标

通过学习本单元内容，学生能够辩证地看待中外故事中的文化及传统，能结合当下的实际情况，提出更加符合实际的解决方法或创新方式。

4. 学习能力目标

能够运用看主题图、读标题等方式预测学习内容，运用勾画关键词、概括总结等方式推测大意和作者写作意图，运用思维导图帮助自己了解语篇脉络，组织提炼自己的观点。

三、单元核心任务 Core Task

用英语讲述中国神话传说和西方童话故事。

四、单元学习划分 Unit Plan（图2-4-1）

阅读课（二）Section B 2a-2e
学习了解《糖果屋》的故事。

写作课 Section B 3a-3b
剧本概要写作。

语法复习课 Grammar Focus & Self Check 归纳总结状语从句的用法。

Unit 6 An old man tried to move the mountains. 谈论过去发生的事情，重点训练"讲故事"。

听说课（一）Section A 1a-1d
了解并讲述《愚公移山》。

听说课（二）Section B 1a-1d
了解并讲述《皇帝的新装》。

阅读课（一）Section A 3a-3c
学习了解美猴王的故事。

图2-4-1

五、本课时教学设计 Teaching design

1. 教学内容分析 Analysis of Teaching Contents

本单元话题是传说和故事，主要讨论中国神话故事和西方童话故事。本课时是本单元的第一课时，授课内容是Section A 1a-2b，围绕《愚公移山》的故事展开，学生们通过本课时学习可以更好地了解中国的神话故事和中国传统美德，同时，习得如何将自己熟悉的中国神话故事以符合英语表达习惯和思维的方式讲述出来，学会用英语讲好中国故事。

2. 课时教学目标 Teaching Objectives

（1）通过自学拼读音标、查阅图片资料，学生能正确读出中国神话故事的标题：*Journey to the West*，*Hou Yi Shoots the Suns*，*Nu Wa Repairs the Sky*，*Yu*

*Gong Moves a Mountain*等以及shoot，stone，weak，god，remind，bit，a little bit，silly，instead of等。

（2）通过预读听力任务、在听中抓住关键词和运用速写技巧，学生能准确获取信息，正确完成听力任务。

（3）学生能正确运用unless，as soon as和so...that...讲述中国故事。

（4）学生能在两人小组、多人小组等团队活动中表达故事的人物或情节，并发表一些简单的看法或观点。

（5）学生能辩证地看待中国神话和传说，能结合当下的实际情况，提出更加符合实际的解决方法或创新方式。

3. 学习评价任务 Evaluation Tasks

Task 1 教师展示相关中国神话故事的图片，学生根据图片回答Which story is it？Who is the main character in the story？随机选取学生进行回答。

Task 2 学生用所学的中国神话故事的英文表达，完成主题图片和故事的配对，随机选取学生进行回答。

Task 3 学生听前阅读Section A 1b听力任务，阅读设置的问题和句子，带着任务和要求获取关键信息，准确回答问题和完成相应任务，以此了解掌握《愚公移山》的故事背景以及讲故事所需的六要素，随机选取学生检验完成效果。

Task 4 学生两人一组利用听力任务中的问题以及听音获取的信息，练习讲述《愚公移山》的故事背景，随机选取一个小组进行交流展示。

Task 5 学生利用Section A 2a的主题图，提取信息，预测听音内容，利用信息差，真实进入听力训练，学会利用主题图进行听前预测，并通过听音排序、听音填空进一步了解掌握故事的发展及细节。

Task 6 开放性任务：小组合作，讲述故事《愚公移山》，并评价愚公的行为和精神，运用本课所学词汇、句型传达信息、表达观点。设计以下评价点：声音洪亮、语音语调、肢体语言和团队合作。通过小组互评、师生共评评出优秀小组。

4. 教学活动与设计意图 Teaching Procedures & Purposes（表2-4-4）

表2-4-4

教学步骤 Steps	教学活动 Activities	设计意图 Purposes
Lead-in	课前播放故事《愚公移山》的视频。	引出本单元话题——中国神话故事。
Pre-listening	教师展示图片，学生先根据图片回答问题Which story is it? Who is the main character in the story? 再进行主题图和中国神话传说配对。	基于学生对中国传统故事的认知，通过经典故事中的人物图片，激发他们学习用英语讲好中国故事的兴趣。
While-listening	教师根据讲故事所需要的要素when，who，where，what，why提出与故事背景相关的问题，学生根据问题及句子预测所听内容；教师播放录音，学生完成听力任务1。 学生两人一组利用听力任务中的问题以及听音获取的信息，练习讲述《愚公移山》的故事背景。	学生带着任务和要求获取关键信息，准确回答问题和完成相应任务，以此了解掌握故事背景以及讲故事所需要的要素。
	教师引导学生浏览主题图，学生根据已有的知识和经验判断图片所表现的故事情节的发生顺序，学生进行听前预测。 教师播放第一遍音频，学生听音核对自己的听前预测是否正确，师生核对答案，要求学生用简单的句子描述图片内容。	学生根据主题图提取信息，预测听音内容，利用信息差，真实进入听力训练，学会利用主题图进行听前预测，并通过听音排序了解掌握故事的发展及细节。
	教师播放第二遍音频，学生按要求圈出所听到的单词，师生核对答案。核对答案时，要求学生完整地朗读句子。	学生通过第二遍听音填空，进一步了解掌握故事的发展及细节；教师借此获取反馈，了解学生是否存在生词障碍或理解障碍。
	教师再次播放音频，学生边听边跟读，模仿语音语调，接着全班齐读。	学生进一步熟悉故事的发展及细节，习得良好的语音语调。

续 表

教学步骤 Steps	教学活动 Activities	设计意图 Purposes
Post-listening	教师引导学生根据听音所习得的由 unless, as soon as, so... that...等状语从句绘制"山"形思维导图,结合讲故事的六要素讲述故事《愚公移山》。 要求学生以小组为单位,分任务,结合所学讲述故事《愚公移山》。 教师根据评价点"声音洪亮、语音语调、肢体语言和团队合作"等,引导学生通过小组合作完整讲述故事《愚公移山》。 学生小组展示后,通过互评、师生共评评出优秀小组。	学生通过小组活动运用本课所学词汇、句型传达信息、表达观点。教师借此检验是否达成本节课的教学目标。
	教师引导学生思考Can you give Yu Gong some other good advice? 学生结合当下实际情况,提出更加符合实际的解决方法,并阐述自己的观点。	评价愚公的行为和精神,培养学生的批判性思维,能辩证地看待中国神话和传说,能结合当下的实际情况,提出更加符合实际的解决方法或创新方式。
Post-listening	教师要求学生课后再次听音模仿所学故事,并用英语讲述《愚公移山》的故事;用所学词汇和句式结构,结合思维导图,用符合英语表达习惯和思维的语言写出故事《愚公移山》。	学生巩固所学,利用讲故事的六要素,运用一般过去时态,状语从句等讲述故事,使学生能用讲故事的形式进行恰当地语言输出。

5. 板书设计与设计意图 Blackboard Design & Purpose

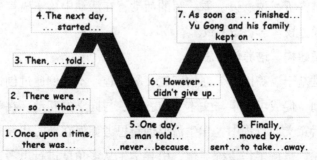

9. The story reminds us that ...

4. The next day, ... started...

7. As soon as ... finished... Yu Gong and his family kept on ...

3. Then, ...told...

6. However, ... didn't give up.

2. There were ... ... so ... that...

1. Once upon a time, there was...

5. One day, a man told... ...never...because...

8. Finally, ...moved by... sent...to take...away.

通过"山"形的思维导图板书设计，学生对本课时《愚公移山》的故事进行结构化学习和回顾，更好地帮助学生提炼本课内容框架和骨架知识，帮助学生记住本课关键知识、信息，促进知识迁移和灵活运用。

六、课例评析 Case Analysis

本节课是一节听说课，听说结合，输入、内化、输出有机整合，学生在听说任务中实现词汇、句型和语法的感知、体验和运用。

根据教学设计和教学实施的情况，本节课有以下几点值得学习和借鉴。

1. 聚焦主题，体现意义探究

指向学科核心素养的英语教学应以主题意义为引领，以语篇为依托，整合语言知识、文化意识、语言技能和学习策略等内容，创设具有综合性、关联性和实践性的学习活动。

本课例在中国神话故事这一话题下，学习中国神话故事的英文表达，探究故事背后的意义，主要谈论中国的传统故事《愚公移山》，学生们通过完成听、说、读、讨论、展示、评价等系列任务，所有这些活动都置于主题情景"传说与故事"中，活动彼此关联，体现出逻辑性和层次性，实现了对主题活动"了解中国神话故事，同时知晓西方童话故事"和主题意义"通过比较文化异同，增强跨文化意识和中华民族文化自信"的探究。

2. 聚焦目标，开展逆向设计

本课例在单元整体教学设计框架下，充分体现了目标—评价—过程的逆向设计思想，总体设计单元整体目标，课时目标为达成单元目标服务，在本课时目标导引下，精心设计评价任务。评价任务是为检测学生的学习目标达成情况而设计的检测项目，与目标一一对应，促成教学活动的针对性和实效性，在主题语境中贯穿听、说、读、看、写的活动，在活动中落实语言的运用和评价，实现了目标、教、学、评一致。

3. 注重建构，培养创新思维

学习是基于语篇内容，建构新意义的过程。本课例通过创设一系列有效的问题和活动，促成了学生与文本、与教师、与同学的互动。在学习中国神话故事以及背后意义的过程中，学生需要创新思考如何在新时代背景和环境下辩证地看待问题，坚持中华传统美德，引导学生从多角度进行思考，激活学生的创新思维、逻辑思维，理性表达自己的观点，在多元评价标准下，实现情感升华和新思想建构。

七、课外拓展资源

主题阅读文章：

中国有"愚公"移山，印度也有一位"愚公"，他持之以恒地挖池塘。

The Indian Yu Gong

Saja Pahad is a small village in India. For many years, the village faced a water problem. With only two wells（井）available, the villagers were not able to get enough water to feed their cattle（牛）, let alone water their crops. They didn't know what to do so they waited for the government to help. However, one teenager didn't want to wait and he took matters into his own hands.

Shyam Lal was only 15 years old when he made up his mind to solve the water problem. He found a place in a nearby forest and decided to dig（挖）a pond（池塘）to collect rainwater. He hoped the water in the pond could then be used by the whole village. Shyam shared his idea with other villagers, but instead of volunteering to help, they just laughed at his crazy plan and called him stupid. But the young man didn't let the people's reactions get him down. Shyam began digging the pond himself. He kept on digging for the next 27 years.

Now the 43-year-old man is considered a hero in his village. The small hole he started digging is now a huge pond full of precious（宝贵的）water. "No one helped me do this," Shyam proudly told a newspaper. "But it is my dream to provide enough water for the whole village. I'm glad I've done it!"

Unit 7 What's the highest mountain in the world?

Section A 1a–2d 听说课

李玉洁

一、单元整体分析 Unit Analysis

本单元是人教版《英语》八年级下册第七单元，主题语境是人与自然，单元话题Facts about the world属于自然生态、环境保护主题群下自然环境、人与环境、人与动物的子主题。通过学习，了解我国和世界的一些"自然地理之最"，了解明长城的基本知识，了解珠穆朗玛峰及人类克服困难、挑战极限的精神，了解国宝大熊猫与动物保护，再通过比较，加深对祖国文化的理解，坚定文化自信，增强爱国情怀，形成自尊、自信、自强的良好品格，树立正确的世界观、人生观和价值观，具备一定的跨文化沟通和传播中华文化的能力。

在内容编排上，Section A内容主要围绕地理知识而展开，集中呈现了大数字的读法和表示度量的结构，能熟练运用不同句式来表达形容词和副词的比较级、最高级。其中，1a-1c为本单元导入部分，通过四幅图引出我国和世界自然地理之最的相关数据。2a-2d为听和说的教学，借助我国人口、历史、河流的话题内容，将学生带入中国地理与人文语境中，要求学生能够通过所听获取地理知识中的一些重要数据和与之相关的文化信息。3a-3c为本单元阅读板块，通过对珠穆朗玛峰的介绍，让学生阅读了解珠穆朗玛峰的险峻并感受人类克服困难、挑战极限的勇气与实践精神。由层层深入，逐步从简单的数字信息上升到克服困难和面对困难不放弃的精神，给学生提供了充分的语言支架。4a-4c是本单元语法重难点归纳及操练。

Section A重点是学习大数字的表述和用不同句式表达比较级、最高级。本部分难点是形容词比较级、最高级的不同表达句式，如higher than any other mountain，a lot bigger than，almost as big as等。学生需要大量的口头练习对比，才能把握语言目标，并做到熟练运用。

Section B部分是在Section A的基础上，从对自然和文化的比较过渡到动物这一话题。通过听、说、读、写等活动，引导学生学习更多表达比较的句式结构，了解大熊猫等濒危动物，培养保护动物、爱护环境的意识。1a-1e部分一方面巩固含有数字的事实描述；另一方面也拓展学习更多表示比较的句式（如多倍数的表达）。2a-2e是一个阅读板块。阅读材料是关于大熊猫的一篇说明文，具有说明文的一些特征。在阅读中学会运用寻读策略，快速查找每个数字所表达的意义。3a-3b是本单元写作板块，写一段保护描写鲸鱼的说明文，启发学生思考为什么要保护和拯救鲸鱼及大熊猫。Section B部分的重点是在阅读中运用寻读策略，教学难点是说明文写作。

通过对以上单元教材的整体分析，我们厘清其主题意义就是通过了解我国和世界的一些自然地理之最，感受人类面对自然的考验而克服困难、挑战极限的精神，了解保护动物、拯救动物的相关情况，启发学生思考面对困难时的积极态度，并思考人与自然的关系，培养学生的爱国情怀、民族的自豪感、坚忍的意志品质、保护动物的责任感、爱护自然及与之和谐相处的意识。

二、单元教学目标 Unit Goals

通过本单元的学习，发展学生的语言能力、文化意识、思维品质和学习能力等英语学科核心素养，落实立德树人根本任务。

1. 语言能力目标

通过听、说、读等方式，学生能够了解一些我国和世界的自然地理之最；在谈论世界知识时，能理解较大数字并能够用口头和书面的方式表达较大数字和形容词、副词的比较级与最高级，有效地使用口语和书面语表达意义和进行人际交流。

2. 文化意识目标

通过听、读、看等方式了解一些我国和世界自然地理之最，如世界最高峰珠穆朗玛峰及相关人类征服珠峰的历史；我国人口、历史河流、明长城等；国宝大熊猫保护相关情况，形成正确的人和自然的价值观，通过文化对比，关注中外自然地理知识，加深对中国地理和人文知识的了解，提升跨文化交际意识，形成自尊、自信、自强的良好品格，提高民族文化自信，具备一定的跨文化沟通和传播中华文化的能力。

3. 思维品质目标

通过学习本单元的内容，训练学生思维能力，注重语言学习和思维训练的有机结合，重点培养学生运用英语进行独立思考的创新思维能力，逐步提升学生跨文化沟通能力、思辨能力、学习能力和创新能力，让学生了解自然的相关特征，让学生能够辩证地看待人和自然地理的关系，热爱保护自然，认识到濒危动物的生存现状，以及环保的迫切性，在日常生活中从自我做起，做一个环保行动者。

4. 学习能力目标

学生能够运用看插图、读数字等方式预测听力内容，利用问答、概括总结等方式巩固形容词和副词比较级、最高级的用法，选择运用数字游戏来练习大数字的表达，逐步提高学生使用英语学习其他学科知识的意识和能力。

三、单元核心任务 Core Task

能正确运用数词表述物体的长、宽、高等度量结构；能正确运用比较级和最高级谈论地理与自然；能正确在阅读中使用寻读法；能正确使用说明文来谈论动物特征及动物保护的措施。

四、单元学习划分 Unit Plan

Unit 7 What's the highest mountain in the world?

听说课（一）Section A 1a-2d

听说课（二）Section B 1a-1d

阅读课（一）Section A 3a-3c

阅读课（二）Section B 2a-2d

写作课Section B 3a-3b。

语法及复习课Grammar Focus（4a-4c）and self-check

五、本课时教学设计 Teaching design

1. 教学内容分析 Analysis of Teaching Contents

本单元话题是世界知识（Facts about the world），主要了解我国和世界的一些自然地理之最，了解珠穆朗玛峰的险峻和人类克服困难、挑战极限的勇气与实践精神，了解保护动物，启发学生思考人与自然的关系，引导培养学生保护动物和爱护自然的意识。本课时是本单元的第一课时，授课内容是Section A 1a-2d，通过谈论我国和世界的一些自然地理之最以及我国明长城的基本知识，让学生更好地了解我国的地理知识，同时了解世界地理知识，比较文化异同，增强跨文化意识和文化自信。

2. 课时教学目标 Teaching Objectives

（1）通过展示复习，学生能正确读出以下数字：1,025；6,671；9,600,000 8,844.43；6,300；5,000；5,464；300；8,850。

（2）通过展示复习，学生能正确回忆以下比较级和最高级：

high，higher，highest

deep，deeper，deepest

long，longer，longest

big，bigger，biggest

old，older，oldest

popular，more popular，most popular

famous，more famous，most famous

（3）通过自学拼读音标，学生能正确读出以下地名，并了解以下地名的含义：

Qomolangma（珠穆朗玛峰）

the Sahara（撒哈拉沙漠）

the Caspian Sea（里海）

the Nile（尼罗河）

the Yangtze River（长江）

the Yellow River（黄河）

the Ming Great Wall（明长城）

（4）通过预读听力任务、在听中抓住关键词和运用速写技巧，学生能准确获取关键信息，正确完成听力任务。

（5）学生能正确运用以下句型结构：

① 表示度量的句型：It is...high / deep / long / in size

② 表示比较的句型：It is as...as... / It is...older than... / It is the oldest...

（6）学生能在两人小组、多人小组等团队活动中谈论中外自然地理知识的相关信息，并表达自己的观点和态度。

（7）学生能辩证看待中外自然地理不同，能结合实际情况，了解我国的自然地理之最，增强中华民族自豪感，增强文化自信。

3. 学习评价任务 Evaluation Tasks

Task 1 辨别地点

教师PPT展示相关中外地点图片，学生根据图片回答Where is it？选取英语学习基础中下的学生进行回答。

Task 2 读出数字

教师PPT展示从小到大的数字，选取英语学习基础中下的学生正确读出。

Task 3 形容词最高级练习

学生根据地点信息，小组讨论以下问题，教师随机选取学生进行回答：

What is the highest mountain in the world?

What is the deepest sea in the world?

What is the longest river in the world?

What is the biggest desert in the world?

What is one of the oldest countries in the world?

Task 4 听力练习

学生听前阅读Section A 1b听力任务和Section A 2a、2b的问题和句子，带着任务和要求获取关键信息，准确回答问题和完成相应任务，随机选取学生检验完成效果。

Task 5 拓展练习

小组合作，设计出到重庆旅游的外国游客和本地导游的对话。对话主题为有重庆地方特色的渝中区景点之旅，要求运用本课所学词汇、句型来传达信息和表达观点。设计三个评价点：语言正确、内容合理、表达自然。通过小组互评和师生共评选出优秀对话。

4. 教学活动与设计意图 Teaching Procedures & Purposes

Step 1 Warm-up and lead-in

（1）Show a video about China and ask students the questions.

① How old is China?

It's over 5, 000 years old.

② What's the population of China?

It's about 1, 400, 000, 000.

③ What's the longest river in China?

The Yangtze River is.

④ What's the highest mountain in China?

Qomolangma is.

设计意图：通过让学生观看视频引出本单元的主要话题，激发学生的学习兴趣；并能过问答的方式，让学生用已有的地理知识回答相关问题。让学生复习形容词的比较级和最高级的用法，并呈现一些自然地理名称的表达。

Step 2 Pre-listening

（1）Show some numbers and let the Ss try to read them, and then teach Ss read large number.

100, 102；1, 025

67, 667；6, 671

88, 884；8, 844；8, 844.43

960；9, 600；9, 600, 000

（2）Show four pictures （Qomolangma, the Nile, the Sahara, the Caspian Sea）on page 49 and learn some information of them.

（3）Work on 1a. Then check the answers in the whole class.

设计意图：通过让学生读数字看图片，了解大数字的表达和1a中四个地点的表达法，为1b听力活动扫除词汇障碍。

Step 3 While-listening

（1）Work on 1b. Listen and complete the sentences. Then check the answers in the whole class.

（2）Work in pairs. Use the information in 1b to make conversations.

Example：

A：What is the highest mountain in the world?

B：Qomolangma.

（3）Work in pairs and write the following numbers. Then check it with partners.

6, 300　　Six thousand three hundred

5, 000　　_____

5, 464　　_____

300　　　_____

（4）Discuss the four sentences in 2a. Then match the sentences with the key words.

A. Population　　　B. History　　　C. Area　　　D. Length

设计意图：通过让学生写出数字，巩固大数字的读法，并结对讨论2a中的句子，以配对的方式总结每一句所表达的意义。为2a和2b的听力活动解决词汇障碍，并做听前预测。

Step 4 Post-listening

（1）Work on 2c. Use the information in 2a to retell the story in a conversation between the boy and a TV reporter.

（2）Work on 2d. Ask Ss to have a fast reading of the conversation to get the main idea and some detailed information.

① Choose the correct answer.

What are they talking about?

A. Ancient emperors.

B. The Ming Dynasty.

C. A tour to the Ming Great Wall.

② Answer the questions.

How long is the Ming Great Wall?

Why did the ancient emperor build the wall?

（3）Lead Ss to read the conversation sentence by sentence，and explain some language points.

（4）According to 2d，Ss make up a new conversation between a foreign tourist who has visited Chongqing and a guide from Chongqing. They are talking about a tour in Yuzhong District. Ss have role-play the new conversation. At last choose the best group.

设计意图：通过设置题目，让学生获取对话主要内容和一些细节信息，锻炼学生快速获取信息的能力。

Step 5 Homework

（1）Describe the Great Wall with comparatives and superlatives.

（2）Practice role-playing the conversation.

板书设计与设计意图 Blackboard Design & Purpose

（1）Number

100；1,000；10,000；100,000；100,000,000

1,025；6,671

884；8,844；8,844.43

300；5,464；5,000；6,300；9,600,000

设计意图：通过有规律设置和呈现1a、2a中的数字及更多数字，让学生获取大数字正确读法，为听力扫清障碍。

（2）comparatives and superlatives

older，oldest

longer，longest

bigger，biggest

deeper，deepest

设计意图：通过呈现单词比较级和最高级，让学生了解它们的构成，为听力扫清障碍，为语言输出做准备。

（3）Sentences

① The Yangtze River is 6,300 kilometers long.

② Qomolangma is the highest mountain in the world.

③ China has a much longer history than US.

④ What's the highest mountain in the world?

设计意图：通过呈现本课时重点句型，让学生理解运用，拓展知识面，为最终输出搭好语言支架。

通过以上板书设计，学生对本课时内容进行结构化学习和回顾，更好地帮助学生提炼本课内容框架和知识，帮助学生记住本课关键知识、信息，促进知识迁移和灵活运用。

六、课例评析 Case Analysis

本节课是一节听说课，听说结合，输入、内化、输出有机整合，学生在听说任务中实现词汇、句型和语法的感知、体验和运用。

根据教学设计和教学实施的情况，本节课有以下几点值得学习和借鉴。

1. 聚焦主题，体现意义探究

指向学科核心素养的英语教学应以主题意义为引领，以语篇为依托，整合语言知识、文化意识、语言技能和学习策略等内容，创设具有综合性、关联性和实践性的学习活动。

本课例在世界知识这一话题下，谈论地理和自然，学生了解了中国和世界地理知识，了解了人类克服困难和挑战极限的精神，了解了大熊猫和动物保护。学生通过完成听、说、讨论、展示、评价等彼此关联系列任务，在活动中体现逻辑性和层次性，实现对主题活动"了解我国地理知识，同时知晓世界其他国家地理知识"和主题意义"通过比较文化异同，增强跨文化意识和中华民族文化自信"的探究。

2. 聚焦目标，开展逆向设计

本课例在单元整体教学设计框架下，充分体现了目标—评价—过程的逆向设计思想，总体设计单元整体目标，课时目标为达成单元目标服务，在本课时目标导引下，精心设计评价任务。评价任务是为检测学生的学习目标达成情况而设计的检测项目，与目标对应，促成教学活动的针对性和实效性，在主题语境中贯穿听、说、读、看、写的活动，在活动中落实语言的运用和评价，实现了目标、教、学、评一致。

3. 注重建构，培养创新思维

学习是基于语篇内容，建构新意义的过程。本课例通过创设一系列有效的问题和活动，促成了学生与文本、与教师、与同学的互动。在了解中国和世界地理知识以及动物保护背后意义的过程中，学生需要创新思考如何在新的文化背景和社会环境下设计创新而合理的保护动物的方案，引导学生从多角度进行思考，激活学生的创新思维、逻辑思维，理性表达自己的观点，在多元评价标准下，实现情感升华和新思想建构。

Unit 7 What's the highest mountain in the world?
Section A 1a–1c & Grammar Focus 听说及语法课

龙 颖

一、单元整体分析 Unit Analysis

本单元是人教版《英语》八年级上册的第七单元，主题语境是人与自然，单元话题是世界知识（Facts about the world），功能是谈论地理与自然（Talk about geography and nature），主要的语法是能表达较大的数字（Large numbers）和熟练运用形容词和副词的比较级、最高级（Comparatives and superlatives with adjectives and adverbs），本单元通过口头和书面语篇介绍了中外自然景观之最以及动物保护相关知识。

在内容编排上，Section A主要通过听、说的方式介绍了自然地理之最 Qomolangma, the Nile, the Caspian Sea, the Sahara, some famous places in China and some facts about them。其中在描述facts时涉及了大数字的表述以及比较级、最高级的运用。在阅读板块中引出关于珠穆朗玛峰的介绍，体现了人类克服困难、挑战极限的勇气与实践精神。通过中外自然地理之最的对比与相关事实的叙述，学生学习较大数字的表达，学会用不同句式表达比较级、最高级。Section B在Section A的基础上，从对自然和文化的比较过渡到了"动物"这一话题。本部分呈现了大象、熊猫以及熊猫研究基地的相关内容，通过听、说、读、写等活动，引导学生学习更多表达比较的句式结构，了解大熊猫等濒危动物，培养保护动物的意识。写作板块的教学内容要求学生写一篇关于鲸鱼的说明文，并写出为什么要保护鲸鱼。

通过对以上单元教材的整体分析，我们厘清其主题意义就是通过学习地理与自然、保护动物，让学生了解更多的地理与自然知识，从而提高热爱大自然和保护动物的意识，并增强学生对中国大好河山的热爱之情以及民族自豪感。

二、单元教学目标 Unit Goals

1. 语言能力目标

通过听、读、看等方式，学生能够运用大数字的表达、比较级与最高级谈论地理与自然；能够用口头和书面的方式用说明文的形式介绍某种动物，并且根据该动物的处境表达个人对保护自然、保护动物的观点。

2. 文化意识目标

通过听、读关于Qomolangma，the Nile，the Caspian Sea，the Sahara，some famous places in China，Pandas等语篇内容，学生能够了解我国和世界的一些自然地理之最，了解我国明长城的基本知识，了解珠穆朗玛峰以及人类克服困难、挑战极限的精神，以及国宝大熊猫与保护动物，从而提高保护动物意识，并增强学生对中国大好河山的热爱之情以及民族自豪感。

3. 思维品质目标

通过学习本单元内容，学生能够有条理地根据自然地理的特点客观描述某个自然景观，并能够从不同方面比较同一类型的自然景观。学生能够有条理地根据动物的特征介绍该动物，并通过以上目标的达成，学会表达自己对大自然的热爱，以及对保护动物的个人观点。

4. 学习能力目标

能够通过比较，了解中国以及世界地理知识。通过读段落首尾句，概括段落大意。通过搜寻具体信息，培养寻读的能力。通过罗列实事以及数据，初步学习说明文的写作。

三、单元核心任务 Core Task

制作拯救濒危动物的海报。从外貌、生活习性等方面比较两种濒危动物，并阐明为什么它们需要保护。

四、单元学习划分 Unit Plan

Unit 7 What's the highest mountain in the world?

谈论地理与自然

语法课Section A 1a-1c，Grammar Foucs-4a谈论世界之最。

听说课（一）Section A 2a-2d谈论中国相关的地理和历史。

阅读课（一）Section A 3a-3c了解珠穆朗玛峰相关知识以及登山爱好者的概况。

听说课（二）Section B 1a-1d，Section A 4b 比较大象和熊猫的客观事实和数据。

阅读课（二）Section B 2a-2e了解并介绍成都熊猫研究基地以及熊猫的现状。

写作课 Section B 3a-3b介绍鲸鱼的基本情况，呼吁保护鲸。

复习课 Self Check，Section A 4c.

五、本课时教学设计 Teaching design

1. 教学内容分析 Analysis of Teaching Contents

本单元话题是谈论世界知识——地理与自然（Talk about geography and nature.）。本课时是本单元的第一课时，授课内容是Section A 1a-1c和Grammar Foucs-4a，谈论世界之最Qomolangma，the Nile，the Caspian Sea，the Sahara，学生们通过本课时学习可以更好地了解世界之最的相关知识，并能简单描述地理中湖海山川的数据，同时通过对比中国之最与世界之最，增强热爱自然的意识以及热爱祖国大好河山的文化自信。

2. 课时教学目标 Teaching Objectives

（1）能正确拼读重点单词：square，meter，deep，desert.

（2）能表达较大的数字。

（3）能表达表示度量结构的句式：

Qomolangma is 8, 844.43 meters high.

The Sahara is about 9, 600, 000 square kilometers in size.

（4）能把比较级和最高级迁移到度量的表达中。

（5）能初步使用比较级和最高级谈论地理与自然。

（6）了解中国及世界地理知识，增强热爱自然的意识以及热爱祖国大好河山的文化自信。

3. 学习评价任务 Evaluation Tasks

Task 1 学生观看一段"中国自然地理景观"的视频，根据视频内容完成这四个自然景观和较大数字的配对。此任务检测学生是否能听出大数字，评估学生对数字的已有认知程度。学生在教师的指导下口头进行较大数字的语言操练，确保学生掌握了大数字的读法。

Task 2 PPT展示教材主题图上的四个地方，学生匹配图片和单词，教师教读四个地名。学生根据已有的地理知识和简单推理完成1a的配对活动。教师用 How high..? How long...? How deep...? What size...? 提问，学生利用1a中的信息进行回答，能正确运用表示度量结构的句式。随机抽取学生进行回答。评估学生是否能询问地理数据。

Task 3 将刚才视频中的四个地方和教材中的四个地方进行对比，引出比较级，并用比较级将这八个地方按山峰、河流、湖泊和沙漠四种类别进行比较。学生感知比较级的结构。在什么情况下使用比较级；然后进行实操，评估学生对比较级的掌握情况。

Task 4 听力1b，更多地了解世界之最。做好听力前的分析，让学生预测每个空可能会填什么内容。播放录音，引导学生听关键词，学生填好信息核对答案。分析空格所填信息，引出最高级。学生初步感知最高级的结构。在什么情况下使用最高级；然后进行实操，评估学生对最高级的掌握情况。

Task 5 小组合作，视频配音。呈现四篇描述教材中四个"世界之最"的小短文。学生进行小组合作，用小短文对视频进行配音。教师根据评价标准对各组配音的效果打分。学生在配音的过程中，结合视频影响，去感受自然之美，感受祖国河山之美。

4. 教学活动与设计意图 Teaching Procedures & Purposes（表2-4-5）

表2-4-5

教学步骤 Steps	教学活动 Activities	设计意图 Purposes
Lead-in激趣导入 了解中国景点与世界景点的facts。	1. 通过设问五一假期的旅游地，引出本单元的话题。 2. 学生观看一段"中国自然地理景观"的视频，根据视频内容完成这四个自然景观和较大数字的配对。 3. 学生在教师的指导下口头进行较大数字的语言操练。	让学生在欣赏了解中国地理与世界之最的同时，学会读大数字。并通过1a中的数字阅读检测学生习得这个知识点的情况。

续 表

教学步骤 Steps	教学活动 Activities	设计意图 Purposes
通过询问与回答the facts of nature学习有关度量结构的句式	1. PPT展示教材主题图上的四个地方，学生匹配图片和单词，教师教读四个地名。 2. 教师提问：How high..? How long…? How deep…? What size…? 学生根据已有的地理知识和简单推理完成1a的配对活动。	让学生能用英文说出世界著名景点的名字。学生询问与回答物体的尺寸。
中国景点与世界景点的两两比较	1. 将刚才视频中的四个地方和教材中的四个地方进行对比，引出比较级，并用比较级将这八个地方按山峰、河流、湖泊和沙漠四种类别进行比较。 2. 学生初步感知这是什么语法知识——比较级。 在什么情况使用比较级。 3. 针对比较级进行实操。	让学生在对比的过程中回顾比较级的基本结构与基础用法。
听力1b，更多地了解世界之最	1. 做好听力前的分析，让学生预测每个空可能会填什么内容。 2. 播放录音，引导学生听关键词，学生填好信息核对答案。 3. 分析空格所填信息，引出最高级。学生初步感知这是什么语法知识——最高级。 在什么情况使用最高级。 4. 针对最高级进行实操。	让学生在听力的过程中回顾最高级的基本结构与基础用法。
"世界之最"配音	1. 教师提供描述教材中四个"世界之最"的四篇小短文，学生4人一组，使用小短文对视频进行配音。 2. 根据评分标准，师生多元评价。	让学生通过配音，感知数据、比较级、最高级在谈论自然与地理时的精准运用。

5. 板书设计与设计意图 Blackboard Design & Purpose

Unit7 What's the highest mountain in the world?

Section A 1a-1c & Grammar Focus

（1）Large number

8，844.43 meters high

9，600，000 kilometers in size

（2）Ask the size

How deep / high...?

It's ...计量单位 deep / high...

（3）Comparative Degree

...比较级 than...

much / a little / a lot / even / far ...+比较级

as 原级 as

（4）Superlative Degree

...最高级 in +范围 / of + 同类短语

one of the 最高级+n.复数

以上结构化的板书设计可以加深学生对本课核心内容的印象，促进学生记忆关键语言知识、提取语言知识和文本信息，为知识迁移和灵活运用奠定良好的基础。

六、课例评析 Case Analysis

本节课呈现的是"基于主题意义的初中英语语法教学"。这是一堂体现新课程理念、扎实高效的听说和语法融合课。下面从以下几个方面进行课例评析。

1. 充分体现单元整体教学理念

执教教师是把单元当作一个整体来分析主题和教学目标。在这一节听说和语法融合的课上，首先确定单元主题是"世界自然地理"，谈论地理与自然。接着围绕单元主题确定单元的教学目标，划分不同课型，然后确定课时目标。在教材的处理上，执教教师没有完全依赖教材，而是对整个单元内容进行系统分析，在确定单元目标后，把话题关联或有逻辑关系的内容融合到一起，有意识地对教材进行了取舍、补充、整合和重构。这是在灵活地使用教材，让它更好地为教学目标服务。

2. 教学目标清晰

我们可以看到，这节课的教学思路是通过听说课来感知数量表达和比较级、最高级的使用，然后语法课让学生在运用语言的过程中进行总结和巩固。在教学目标的设置上，我们可以看到主体是学生（I'll be able to...），行为动词read，express，summarize，use具体、明确、可操作，强调在什么条件下学生能达到怎样结果，教学目标完全符合ABCD的原则，并且是承上启下有逻辑的。

3. 教学活动丰富，有逻辑性

教师根据学生学情，为了达成教学目标而设计了一系列主题相关的活动，这些听、说、读、写、看的活动设计遵循由浅入深、由易到难、循序渐进的原则，活动的呈现巧妙自然，一环紧扣一环，并且一切教学活动都是围绕本课的教学目标而展开。同时，教学活动也是评价活动，学生在完成教学活动的过程中，水到渠成地达成教学目标。

4. 充分体现学生的学习主体作用

我们可以从教学目标的设定和教学活动的设计中看到，这节课的中心不是教师的教，而是学生的学。这节课设计了很多以个人、同伴和小组一起进行的听、说、读、写活动，包括语法的规则、比较级和最高级的形式、句型，都是学生在运用中自己反思总结出来的，教师鼓励学生自我反思、监控自己的学习过程，鼓励同学之间的合作，一方面，课堂充分活了起来；另一方面，充分培养了学生的语言能力和学习能力。

5. 充分体现了三维语法教学的理念

这节课体现了新课程理念下的三维语法教学，即意义、形式和使用三个层次上的统一。学生通过观察、操练，自己领悟出比较级和最高级的语法规则，并且在真实语境比较两个城市的活动当中不知不觉地运用语法进行产出，同时培养了学生的爱国意识。

七、课外拓展资源

学生配音作品

配音台本：

The Caspian Sea

Caspian Sea is the biggest lake in the world. It's about 380, 000 square kilometers in size. It's even bigger than some countries. It's also the deepest salt lake in the world. It's about 1, 025 meters deep. There are 5 countries along the lake. It helps these countries develop well.

Compared with Tian chi lake, Caspian Sea is deeper and bigger. The weather there is also better than that around Tian chi lake. There are more people visiting it every year. But Tian chi Lake is more beautiful. Every place has its beauty. Which one do you like better?

Qomolangma

Qomolangma is the highest mountain in the world. It's about 8, 844.43 meters high. In fact, it grows every year. It's about 8, 848.86 meters high in 2020. The mountain top is full of snow. It's really cold. And for the climbers, it is the most difficult to get to the top.

Compared with Qomolangma, Mount Hua is not as tall as it. Although Qomolangma is more famous than Mount Hua, it is more interesting for common peopleto climb Mount Hua and it's easier to get to the top.

The Sahara

Sahara is the biggest desert in the world. It's about 9, 600, 000 square kilometers in size. It has the most sand（沙）. It has the strongest wind. And there is the strongest sand storm in the world. The sand wall can be 100 meters high. It is hotter than any other place in the daytime. But it's really cold at night. It's the worst place for the plants and animals.

Compared with Taklamakan，it's much bigger. It's more dangerous. But it has its own special beauty.

The Nile

The Nile is the longest river in the world. It's about 6，671 kilometers long. When we hear the Nile，we think of the Egypt /'iːdʒɪpt/（埃及）. It helps develop the country a lot. There are many kinds of animals along the river.

Compared with Yangtze River，it's longer. It runs through more countries. So it plays a more important role. But for Chinese people，we love Yangtze River better. Because it's our mother river. Every place has its own history and culture. Let's open our mind and start to know them.

Unit 7 What's the highest mountain in the world?
Section B 2a–2e 阅读课

王若颖

一、单元整体分析 Unit Analysis

本单元教材设计了生动的语言情景，以"描述自然环境""了解大熊猫"和"为保护濒危动物制作海报"这三个活动为主线统领Section A和Section B的学习内容。Section A听、说的内容主要围绕地理知识而展开，集中呈现了大数字的读法和表示度量的结构，并进一步拓展了比较级和最高级的用法。在阅读板块中介绍了一些登山爱好者登珠穆朗玛峰的故事，逐步从地理知识上升到了人的精神，激发学生思考登山爱好者的精神带来的启示。Section B在Section A的基础上，通过自然和文化的比较过渡到了"动物"这一话题，通过听说引导学生用比较的句式结构对比了解大象和大熊猫的特征，阅读语篇内容，通过介绍以大熊猫为主题的一篇报道，让学生了解大熊猫的生活习性和濒临灭绝的原

因，并呼吁学生保护珍稀动物。写作板块的教学内容要求学生根据信息写一篇
关于鲸鱼的报告并制作海报。

通过对以上单元教材的整体分析，我们厘清其主题意义就是通过学习了解
中国以及世界地理知识和动物知识，让学生去探索大自然，提高保护环境的意
识，并增强学生热爱大自然、珍稀动物之情。

二、单元教学目标 Unit Goals

1. 语言能力目标

学生能够运用比较级和最高级谈论地理和自然之最，能够用口头和书面的
方式介绍濒危动物，提出保护濒危动物的合理建议。

2. 文化意识目标

学生能够通过学习本单元语篇内容，了解自然知识，感知大自然的神奇，
领悟人类克服困难、挑战极限的精神；激发自己热爱大自然；珍惜和保护濒危
动物。

3. 思维品质目标

学生能够运用学到对比归类的方法分析问题并有条理地提出合理化建议。

4. 学习能力目标

能够运用一些有效方法提高分析问题和解决问题的能力，比如运用快速扫
读获取文章的关键信息，运用思维导图提炼文中信息，运用对比归类法厘清重
要信息。

三、单元核心任务 Core Task

用英语介绍野生动物并提出保护建议。

四、单元学习划分 Unit Plan

Period 1 听说课（一）Section A 1a-2d 谈论中国和世界地理自然之最。

Period 2 听说课（二）Section B 1a-1d 谈论比较动物的特征。

Period 3 阅读课（一）Section A 3a-3c 了解登山爱好者登珠穆朗玛峰的故事。

Period 4 阅读课（二）Section B 2a-2e 了解大熊猫的生活习性和濒临灭绝的
原因。

Period 5 写作课 Section B 3a-3b 制作保护动物的海报。

Period 6 语法及复习课 Grammar Focus & Self Check 归纳总结原级、比较级和最高级的用法。

五、本课时教学设计 Teaching design

1. 教学内容分析 Analysis of Teaching Contents

本单元话题是中国以及世界地理自然知识，主要通过大数字对比自然地理景观以及介绍动物习性和濒临灭绝的原因。本课时是本单元的第四课时，授课内容是Section B 2a-2e，介绍大熊猫的生活习性、濒临灭绝的原因以及保护措施，学生们通过本课时学习可以更好地了解大熊猫的生存状态，唤起学生的爱心，进而意识到保护野生动物和保护生态环境是每个人的责任。

2. 课时教学目标 Teaching Objectives

（1）学生能正确拼读单词和词组：bamboo，endangered，research，keeper，awake，excitement，walk into，fall over，or so，illness，wild，government。

（2）学生能够在阅读中运用阅读技巧skimming理解大意，运用scanning寻找特定信息，运用mind-map分析结构。

（3）学生能够在多人小组团队活动中提出保护大熊猫具体可行的建议。

（4）学生能够在多人小组团队活动中初步运用"IPW"模式的写作结构来号召大家保护野生动物。

3. 学习评价任务 Evaluation Tasks

Task 1 教师展示关于大熊猫的视频和图片，学生回答What do you know about pandas? 选取英语学习基础中下的学生进行回答。

Task 2 学生阅读文章时，通过skimming的阅读技能寻找每段的关键词，选取英语学习基础中下的学生进行回答。

Task 3 学生阅读文章时，通过scanning，mind-map来寻找细节，带着任务和要求回答问题、填表格、完成mind-map，随机选取学生检验完成效果。

Task 4 学生多人一组讨论回答What should students do to protect pandas? 随机选取学生发言。

Task 5 开放性任务：小组合作，组内成员选择一个动物集体创作演讲词，并选一名同学演讲，运用本课所学词汇、句型、结构传达信息、表达观点。设

计五个评价标准：语言正确、结构IPW、内容有号召力、声音激情饱满、表达
自然流畅。通过小组互评、师生共评来评出"天才演说家"。

4. 教学活动与设计意图 Teaching Procedures & Purposes（表2-4-6）

表2-4-6

教学步骤 Steps	教学活动 Activities	设计意图 Purposes
Lead-in	介绍the journey of animals discovery，播放成都大熊猫研究基地的视频。	通过介绍"探索动物之旅"，激发学生的学习兴趣并拉近与学生的距离，看视频引出大熊猫的话题。
Pre-reading	教师展示图片，学生回答问题What do you know about pandas?	借助大熊猫的图片情境，把学生带入到学习的情境中并由此导入新课。
While-reading: read for the structure	首先教师让学生skim the passage and match three key words with each paragraph，然后教师让学生find the writing purpose of the writer。	培养学生skimming的阅读技能，学生通过寻找每段的关键词分析出文章的IPW框架并概括出作者的写作目的，为后面的oral writing搭建框架。
While-reading: read for the content	首先教师让学生scan paragraph1 and answer four questions，然后教师让学生scan paragraph 2 and fill in the chart，最后教师让学生read paragraph 3 and finish the mind-map。	通过回答问题、填表格、完成mind-map来培养学生分析、归纳整理的能力。学生运用scanning, mind-map来寻找IPW的细节，为后面的oral writing做好内容的铺垫。
Post-reading: read for the oral writing	教师展示图片，让学生小组讨论"What should students do to protect pandas?"，然后教师又展示其他野生动物现状的图片。	通过图片的直观刺激启发学生如何保护大熊猫和其他动物，知道保护动物的重要性，并为后面的口头作文做好情感的铺垫。
Post-reading: oral writing	6个学生一组选择一个动物集体创作演讲词，并选一名同学演讲。教师给出五个评价标准：语言正确、结构IPW、内容有号召力、声音激情饱满、表达自然流畅。通过小组互评、师生共评来评出"天才演说家"。	激发学生保护动物的情感，学以致用，通过口头表达来巩固IPW模式。
Emotional education	教师给出一些温暖的句子，学生有感情地朗读。	感染学生们的情绪，让他们发自内心地去保护动物，从而爱动物，爱自己，爱我们的地球。
Homework	Students improve their oral writing and put them up on the wall in the school.	把课堂延伸到课外，延伸进学生的生活，让学生的知识、能力、技能和情感真正地落地与升华。

5. 板书设计与设计意图 Blackboard Design & Purpose

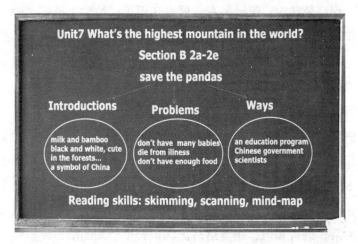

通过思维导图板书设计，把复杂的阅读文章化繁为简，简明扼要地看出文章的框架。借用思维导图式板书，学生容易有清晰的思维方式，也能更迅速有效地进入教师预设好的课堂情境，从而提高课堂效率。

六、课例评析 Case Analysis

本节课是一节阅读课，基于课标，以本单元教学目标为统领，在教材单元主题的引导下，基于阅读文本进行教材二次开发，通过整合教材板块、活动内容、练习内容和课外资源进行单元整体考虑的教学设计和实施，立足培养学生的核心素养。本课例教学目标明确，教学环节环环相扣，引导学生层层思考，与作者对话，与文本对话。

根据教学设计和教学实施的情况，本节课有以下几点值得学习和借鉴。

1. 重组教材内容，推进单元主题探究

卡尔森（Carson）& Leki（1993）指出："阅读能够使学生了解写作中需要的各种知识。阅读也是写作的基础。"阅读给学生提供了语言范本，学生可以通过学习、借鉴、模仿获得语言知识、技能和相应的语言练习。如果阅读文本话题贴近学生的生活，符合学生的认知水平，那么教师就可以基于阅读文本进行教材二次开发，对文本话题进行写作拓展。本堂课例对教材中的阅读材料进行了第二次重构，其作用如下：提供可讨论和思考的话题（为什么要保护动物和如何保护濒危动物）；每段的阅读内容适合学生运用相应的阅读技巧（如使用略读、寻读、思维导图式阅读）；阅读文章便于学生学习语言（如提供可以模仿的写作框架IPW、逻辑关系、语言知识）。给学生搭建"脚手架"，为后面的写作服务，同时学生通过阅读策略的学习和运用，掌握阅读技能，提升思维品质。由此可见，选择合适的阅读文本能够让学生进行充足地语言输入，为写作实践打下坚实的基础。

2. 指向学科素养，提炼单元学习主题

本课例根据单元话题，从文章内容和逻辑关系的角度出发归纳篇章结构，建构文本知识框架，同时也培养学生的阅读策略和思维能力，从而引导学生形成阅读文本的思维方式。最后创设了为保护野生动物创作演讲词这个情境性、综合性的任务，通过模仿进行语言知识的迁移。学生通过学习阅读文章IPW框架、逻辑关系、语言知识，用英语写出保护野生动物的演讲稿。主题在单元话题的基础上进行适当拓展与提升，具有挑战性。学生在参与主题探究中，建构语言知识，发展综合语言技能，培养合作学习能力与创新思维能力。该主题引导学生了解野生动物的生存状态，唤起学生的爱心，进而意识到保护野生动物和保护生态环境是每个人的责任，实现了英语学科的育人价值。

3. 创设真实情境，驱动体验主题意义

真实的情境有利于激发学生的学习热情和积极性，以及增强学生对主题意义的体验和认同感。本堂课例运用视频、音频、图片创设等导入情境，通过师生互动交际逐步深入情境，通过联系学生实际生活关联文本情境，通过创设角色体验活动迁移文本情境等方法来创设情境。在创设情境时，自然衔接各个小情境，使它们成为主题意义统领下的情境链的一部分。而且情境的创设贯穿读前、读中和读后整个教学过程。从学生在课堂中的活动来看，学生积极发言、乐于参与教学中的各种讨论和活动，并且潜移默化地认识到了濒危动物的现状和保护动物的意识。在课后作业环节，让学生们把自己制作的保护野生动物演讲词张贴在校园的各个角落，让更多的学生关注保护野生动物，把课堂延伸到课外，延伸进学生的生活，让学生的知识、能力、技能和情感真正地落地与升华。

4. 落实教、学、评一体，实施持续性评价

在教学设计过程中，目标、活动与评价是同步思考、互相调整、一体化设计的。本堂课例根据学习活动的形式和规模，采取了多样化的评价方式，读前和读中活动主要有课堂观察、提问、口头评价等。读后展示活动有口头演讲，让学生通过阅读所习得的语言知识并结合有效的评价标准互评来相互学习、共同进步。通过五个评价标准，教师引导学生说出认同的理由、指出存在的问题或提出修改的建议。评价主体也多样化，有小组互评、师生共评。通过学生小组合作，采用自我评价、同伴互评、小组评价的方式来发挥学生的主体作用，使学生在聆听、评价的过程中进行交流学习和自我反馈，使评价活动变成聚焦学习目标的学习活动，充分体现了学生在评价活动中的主体性，让学生通过清晰的评价体系再一次对阅读进行了有效反馈。

七、课外拓展资源

Read for writing（extra reading）

What Is a Whale

Whales are one of the most amazing creatures（生物） that live in the sea. They are huge and some of them have teeth. In fact, the Blue Whale is considered to be the largest animals in the world. Whales eat small fish and other sea life. They breathe air with lungs（肺）. Unlike fish, whales do not remove oxygen（氧气）from the water but breathe air directly. They can jump out of the water to breathe. Scientists found whales can even sing songs. How interesting!

The only predator（以掠夺为生的人）that whales have to content with are humans. Some of whales are in danger. Humans catch whales for meat, fat and oil. In some countries, whale parts are sold to make things like candles and soap. As the water pollution is more and more serious, the number of whales has greatly dropped.

Humans should protect whales from water pollution and shouldn't put rubbish into the sea. As you can see, there are many facts that are fun. It's time to make rules on whales protection and learn more about whales.

第五章　人教版《英语》（Go for it!）
九年级全一册

Unit 1 How can we become good learners?
Section B 3a–3b 写作课

杨淼琴

一、单元整体分析 Unit Analysis

　　本单元是人教版《英语》九年级全一册的第一单元，在内容编排上，Section A主要通过听、说的方式让学生相互交流了解英语学习的不同方法，从听、说、读、写、看全方位、多角度层层深入，给学生提供了充分的语言支架。Section B延续了这一编写特色，通过听说课进一步提出自己英语学习中的困难和挑战，以及解决方案。在阅读语篇中介绍了如何成为成功学习者的四种方法，并激发学生相关思考，对即将毕业的初三学生具有指导意义。写作板块的教学内容要求学生以书面语篇向朋友介绍学习方法，提出学习建议。

　　通过对以上单元教材的整体分析，我们厘清其主题意义就是通过和同伴交流讨论学习过程中的困难、挑战，提出解决方法，改进学习方式，提升学习效果。

　　基于核心素养的四个维度分析如下。

1. 语言能力

（1）能正确使用by+doing表达各种学习的方式。

（2）能正确使用课例中和学习话题相关的词汇。

（3）能听懂并谈论学习相关话题，提出有针对性的建议。

（4）能写信给同伴提出英语学习的建议/拟订自己的学习计划。教师整理本单元实用好句作为参考，再让学生归类，根据实际需要选用。

（5）在单元写作任务中，能用多样化表达提升写作水平。

2. 文化意识

通过课外阅读和音视频资源，了解各种学习方法，对比中外教育异同。探讨各自的优劣，提出自己的意见、改进方法。

3. 思维品质

（1）通过阅读与写作过程中运用思维导图，锻炼提炼要点、归纳总结的能力。

（2）通过分类整理英语学习方法、筛选好词好句，锻炼归纳、比较、分析的思维能力。

4. 学习能力

（1）通过小组合作、分层任务，锻炼自主学习的能力。

（2）通过限时任务，提升阅读和写作的速度，培养高效学习的能力。

（3）通过谈论本单元话题"如何学习"，真实地交流分享实用有效的学习方法，改进自身各科的学习方法。

二、单元教学目标 Unit Goals

（1）能正确使用by+doing表达各种学习的方式。（一级）

（2）能听懂并谈论如何学习的话题，根据实际情况提出几条有针对性的建议。（二级）

（3）能正确运用与学习方法相关的词汇和表达法。（三级）

（4）能写信给同伴提出英语学习建议/拟订学习计划，并用上本单元的一些好词好句。（四级）

三、单元核心任务 Core Task

用英语给同伴写信，提出学习英语建议或计划。

四、单元学习划分 Unit Plan（图2-5-1）

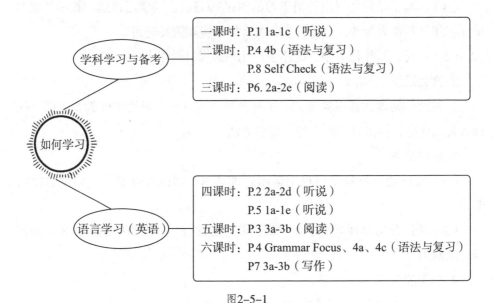

图2-5-1

五、本课时教学设计 Teaching design

1. 教学内容分析 Analysis of Teaching Contents

本单元话题是如何学习，主要讨论学习过程中的困难和挑战以及应对方法。本课时是本单元的第六课时，授课内容是Section B 3a-3b，谈论关于英语学习的方法，学生们通过本课时学习交流不同的英语学习方法，提出更有针对性的学习建议和计划。

2. 课时教学目标 Teaching Objectives

（1）通过改错训练，能正确拼写与英语学习话题相关的词汇。

（2）能运用本单元重点词汇句型，构建思维导图，搭建作文框架结构，给同伴写信提出英语学习的建议。

（3）根据作文评价表，自评、互评作文，改进优化作文。

（4）通过逐页整理英语学习方法相关好词好句，养成复习整理的习惯。

3. 学习评价任务 Evaluation Tasks

Task 1 列举英语学习的方法：教材中提到的或自身的经历见闻均可。

Task 2 从不同角度归类整理以上方法。

Task 3 选出你最喜欢或认为最有效的方法。为什么？具体应该怎么做？

Task 4 聚焦中考，探讨相关话题作文评价评分标准，体验阅卷的全过程。

Task 5 体验写作过程，小组合作打磨普通范文，形成高分作文。

Task 6 总结提炼单元话题和写作技巧。

4. 教学活动与设计意图 Teaching Procedures & Purposes（表2-5-1）

表2-5-1

教学步骤 Steps	教学活动 Activities	设计意图 Purposes
Lead-in	在课标附录24个话题中明确提出"语言学习"，本单元核心任务紧扣语言学习这个话题。	以《普通高中英语课程标准（2017年版）》为依据，明确完成本次核心任务的重要性和必要性。
Brain-storm	How many ways do you know? 我们每天都在进行的语言学习就是英语。你学英语用过哪些方法，学完整个单元，你记住了哪些新的方法？	学生自由列举，共同回忆教材中出现过或自己真正运用的英语学习方法。
Classify	Can you put the word cards in different groups? 引导学生归类整理英语学习方法的相关短语。	通过归类整理，再次巩固记忆效果，帮助学生形成初步的思维导图。
Select	What's the best way for you? Why? 选出你最喜欢或觉得最有效的方法。为什么？具体应该怎么做？	从抽象概念到具体实例进行真实交际。谈论各自的方式、理由、做法。
Evaluate	1. 审题：展示近三年中考真题、模拟题、阶段测试题。 2. 交流分享阅卷感受： 谈谈你的阅卷感受、典型问题、改进建议、评判流程和标准。	体验教师阅卷全过程，明确作文评分评价标准；把自己的想法和教师的做法进行对比，与考纲对比，明确中考作文的要求。
Correct	教师搜集学生易错点，编写一篇文章，全班一起找错、纠错，形成基础版范文。	强化训练易错点，提高语言准确度。
Write	范文无误却不够精彩。全班共同打磨升级，打造"高分作文"。分小组领任务，分别负责开头、结尾、主体部分的升级改造，并总结提炼各部分的高分技巧。	从口头表达落实到笔头书面表达对范文进行深加工、精细化，从而写得更丰富、细致、深入。

续 表

教学步骤 Steps	教学活动 Activities	设计意图 Purposes
Evaluate	展示合作成果，以量化的评价标准为指导，细品语言和内容。通过宏观、微观评价评比佳作。	展示过程性写作成果，以评促思，以评促行，以评升质。
Conclude	1.话题总结：英语学习的方法。 2.写作总结：应试作文应对流程、评价维度、高分技巧。	总结提炼单元话题、写作技巧，调整元认知，提升学习能力。

5. 板书设计与设计意图 Blackboard Design & Purpose

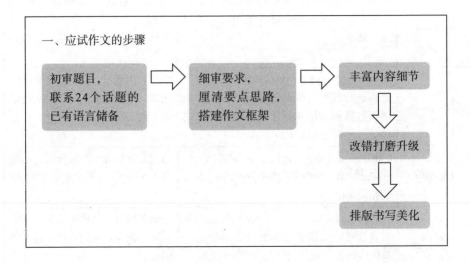

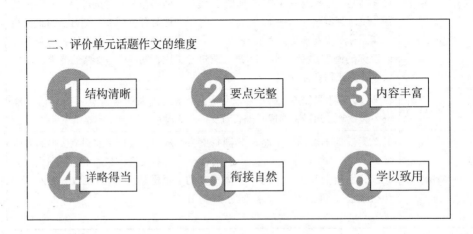

三、高分作文技巧

☐ 创意观点　　☐ 多样表达

☐ 高级词汇　　☐ 修辞手法

☐ 亮点句子　　☐ 排版书写

通过流程图和板块提示，学生对本课时内容进行结构化学习和回顾，更好地帮助学生提炼本课内容框架和骨架知识，帮助学生记住本课关键知识、信息，促进知识迁移和灵活运用。

六、课例评析 Case Analysis

本堂课是一节写作课，说与写结合，输入、内化、输出有机整合，学生在交际任务中打开思路，实现词汇、句型和语法的感知、体验和运用。亮点主要体现在以下几个方面：①过程性写作；②评价引导；③交互式电子白板辅助教学；④真实的交际情景；⑤小组合作式学习；⑥紧扣中考与初三学情。

在写作课中巧妙设计并合理运用电子白板的交互功能，能很好地呈现思维过程，把"看不见的思维"转化为"看得见的行动"，实现教师教学的过程性指导，增加课堂教学的趣味性，提升课堂的活力与魅力。但教师必须牢牢把握教学重难点，课前应进行深入地教材解读和学情分析，紧紧围绕教学目标设计课堂活动；避免本末倒置，用交互功能营造了氛围，却冲淡了教学的主题。

Unit 6 When was it invented? Section A 3a-3c 阅读课

黎 娟

一、单元整体分析 Unit Analysis

本单元是人教版《英语》九年级全一册的第六单元，主题语境是人与社会，单元话题Inventions属于历史、社会与文化主题群下的不同社会进步与人类文明及科技发展与信息技术创新、科学精神子主题，通过口头和书面语篇使用被动语态的过去时介绍了发明的历史。在内容编排上，Section A围绕单元话题"发明"，介绍了我们日常生活中一些常见物品的发明历史，如电视、电话、拉链、茶叶等，包括它们被发明的时间、被什么人发明及其作用或发展等内容；从语言结构上，需要学习被动语态的过去时。从运用I think it was invented before / after...讨论图片中物品发明的先后顺序开始，到听说训练本单元的重点语言结构：When was it invented? It was invented in...，Who was it invented by? It was invented by...，What was / is it used for? It was / is used for...不断深入学习；再进入阅读训练，训练学生的阅读技巧，学习拓展词汇和语言结构，为学生提供了充分的语言支架。Section B依然围绕"发明"这个话题，要求学生继续学习巩固相关的内容和语言知识。听说和阅读训练分别介绍了现代生活中两项常见的发明：美食发明——薯条，体育运动项目——篮球。在语言技能方面，对听、说、读、写的专项训练和综合训练在本部分里都有体现。在语言策略上，提出让学生学习使用思维导图，以加深对文章的理解和对知识记忆的学习策略。写作板块的教学内容要求学生以书面语篇介绍自己的小发明。

通过对以上单元教材的整体分析，我们厘清其主题意义就是通过学习了解发明和发明背后的故事，让学生了解重要发明的历史及对我们人类和世界的改变，培养学生的文化意识，能欣赏、尊重历史与文化，并传播文化。

二、单元教学目标 Unit Goals

1. 语言能力目标

通过听、读、看等方式，学生正确使用被动语态的过去时并能够了解有关发明的历史；能够用口头和书面的方式，用本单元的词汇、句型简要介绍发明的历史并且表达个人观点。

2. 文化意识目标

通过听、读关于电视、电话、拉链、茶叶等语篇内容，学生了解重要发明的历史及对我们人类和世界的改变，培养学生的文化意识；能学习发明家的刻苦精神，激发自己努力学习；能欣赏并尊重历史与文化，传播文化，在新媒体时代，养成辨别事实和尊重事实的人文修养，形成文化自觉。

3. 思维品质目标

学生能够认识古代发明和现代发明对社会发展的影响；具有辩证思维能力，以及对价值观的思考，保持对科学发明探索的兴趣。

4. 学习能力目标

能通过预测、速记、听关键词等方法获取听力任务信息，从而完成听力任务听懂语言材料；能通过看主题图和标题预测学习内容；能在阅读中通过使用跳读、寻读、细读获取文章主旨或段落大意及文章细节内容；能够运用思维导图帮助厘清、记忆阅读语篇中的相关信息，把获取的信息转换成图形来帮助记忆。

三、单元核心任务 Core Task

设计并用英语介绍一个可以为我们生活或学习服务的小发明。

四、单元学习划分 Unit Plan（图2-5-2）

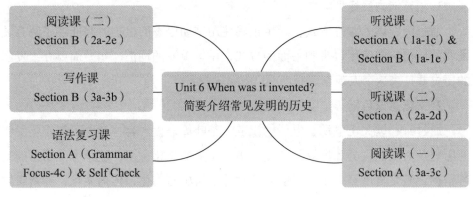

图2-5-2

五、本课时教学设计 Teaching design

（一）教学内容分析 Analysis of Teaching Contents

本单元话题是Inventions，主要谈论发明的历史及对我们生活影响的发明。本课时是本单元的第三课时，授课内容是Section A 3a-3c，课型是一节阅读课。3a阅读语篇讲述了我国有记载的饮茶起源的故事：它是如何被神农无意中发明的；茶叶的发展和传播历史。3c训练学生的快速阅读技巧，需要学生在快速阅读之后为各段匹配段落大意。3b需要学生细读文章，回答与茶叶有关的细节问题。3c则是一项综合了词汇和语言结构的读后巩固性活动。学生通过本课时能学习了解茶的起源、发展及传播，增强文化自信和民族自豪感。

（二）课时教学目标 Teaching Objectives

1. 语言能力目标

（1）通过视频导入、多媒体动画展示、互动问答、联系上下文等形式学习和巩固该课时的词汇句型，熟练掌握以下词汇、短语和句型：

单词：ruler，boil，remain，smell，saint，national，trade，doubt

短语：take place，without doubt，fall into，by accident，an open fire

句型：It is said / believed that...

The most popular drink in the world was invented.

Tea was brought to Korea and Japan during the 6th and 7th centuries.

（2）通过阅读文章，学生能理解文本内容和语言，尤其是理解动词时态（过去时）和语态（被动语态过去时）在语篇中表达发明历史过程与结果的表意功能。

（3）通过文本分析，提升解读题目、分析语篇体裁及框架结构、掌握文章大意等阅读能力。

（4）通过本节课的学习，学生能使用目标语言简要介绍茶的发明史。

2. 学习能力目标

（1）通过预测、跳读、寻读、抓关键词等方法提取信息等训练，提升自我阅读能力。

（2）学习利用思维导图这一学习策略提高阅读能力，并能举一反三，通过小组合作制作思维导图并复述。

（3）学生通过组长带领完成小组协作，提升自主学习和合作学习的能力。

3. 思维品质目标

通过阅读文本及课堂补充材料，了解生活中的发明的历史和对世界的影响，有一定的辩证思维能力，认识到发明背后的不易。

4. 文化意识目标

透过文本信息传递中国茶文化魅力，评价中国人在茶的发明史中的角色和作用，感悟茶作为发明的文化和经济传播魅力。

（三）学习评价任务 Evaluation Tasks

Task 1 预测文章大意，随机选取学生回答检验预测能力。

Task 2 迅速找到各段落的大意，随机选取学生回答检验完成情况。

Task 3 准确回答问题，随机选取学生检验完成效果。

Task 4 完成思维导图、表格及填空任务，获取文章关键信息，通过随机选取学生检验完成情况。

Task 5 小组讨论问题，个人表达观点和态度，随机选取学生小组交流展示。

Task 6 小组合作，介绍中国茶，并且能够相互评价。

（四）教学活动与设计意图 Teaching Procedures & Purposes（表2-5-2）

表2-5-2

教学步骤 Steps	教学活动 Activities	设计意图 Purposes
Pre-reading 读前活动	1. Lead-in 视频引入 Chinese Tea Culture Tea is a fine gift from nature. 茶是大自然给人类的馈赠。	激活背景，激发兴趣，切入主题。视频内容切合本节课主题，美丽的绿色的画面，让学生体会到"Tea is a fine gift from nature."
	2. Do a quiz about tea （How much do you know about tea?）.	激活背景知识，引发阅读期待。
	3. Predicting（预测） （通过题目和图片猜测文章大意） （accidental—by accident）	通过图片和解读题目，引导学生对文章进行预测。
While-reading 读中活动	1. Skimming（跳读） Skim and match the main ideas. Tip1: Read the first / last sentence.	引导学生运用skimming的技巧迅速找到各段落的大意。
	2. 整体把握文章结构 The history of tea —— Tea was invented by accident. Lu Yu and his book How tea spread to other countries 根据内容提出问题What is the type of this passage? ⇒ Tip2 : From general to details.	通过各文段主要内容，引导学生判断文章体裁，引导学生从整体把握，再分段阅读。
	分段阅读 Para.1- How tea was invented （The discovery of tea） 1. Scanning（寻读）完成思维导图 First, Shen Nong_____ drinking water over an open fire. Next, some leaves from tea plant _____ the water and_____ there for some time. Then, it _____ a nice smell Finally, he _____ the brown water. It was quite delicious.	学生独立阅读，使用思维导图提炼关键信息。 在完成任务过程中，解决新单词、短语和句型问题。

教学步骤 Steps		教学活动 Activities	设计意图 Purposes
While-reading 读中活动	分段 阅读	2. Think and share. No invention，no life. Was tea invented just by accident? Why？Why not? 链接：神农尝百草。	
		Para.2- Lu Yu and his book （The developement of tea） 展示时间轴，A few thousand years later，Shen Nong was mentioned by a book.进入第二部分。 Careful reading 细读 ⬛Describe⬛ Read and fill in the blanks. ⬛discusses⬛ how tea plants _____ how tea plants _____ to make tea where the finest tea leaves _____ what kinds of water _____	1. 通过时间轴引出第二段内容。 2. 学生独立阅读提取所需信息，解决3b两个问题。 Who is called "the saint of tea"? What is *Cha Jing* about? 3. 理解被动语态过去时在说明事物发展的过程和结果的表意功能。
		Para. 3 How tea spread to other countries. Read for details. 链接："Tea in England" 图片、视频 Discuss and share. 1. What's the influence of the tea trade? 2. Who understand tea best around the world？Why do you think so? Time｜Place ▢→▢ ▢→▢ ▢→▢	1.学生通过寻找特定信息，获取段落大意，引导学生运用被动语态的过去时来说出完整的句子，再次巩固被动语态的过去时。 2.播放"Tea in England"图片、视频，丰富阅读课堂形式，激发学生的学习兴趣，拓展学生的知识面。

教学步骤 Steps	教学活动 Activities	设计意图 Purposes
While-reading 读中活动	SUMMARY 5, 000 years ago — Tea was invented by... Lu Yu / Cha Jing a few thousand years later the 6th and 7th centuries — Korea and Japan England — around 1660 in less than 100 years — national drink tea trade — the 19th century	通过时间轴、关键词，引导学生用完整的句子回顾总结全文，让学生对茶的历史有清晰的脉络，使学生印象深刻。
Post reading 读后活动	1. 情感升华 展示丝绸之路、海上丝绸之路的照片，以及"一带一路"照片。 Tea is a fine gift from nature. 源于中国，兴于中国，属于世界。 We will return to the nature a world of beautiful green as well as a nice smell. 茶，带给世界醇香、清香的同时，也回馈给大自然一片绿色的世界。 Chinese tea brings fragrance to the world. 中国茶 世界香。 2. Group work. Be a good tea spreader. 做好茶的传播使者。 以4人为一个小组，制作思维导图介绍茶。 A: The history of tea （from the book） B: Other things about tea （from further reading material） 各组根据实际情况选择A/B任务。 评价标准：Who's the best tea spreader? Content (key words) 内容完整、正确 ☆☆☆ Design (Pictures, lines...) 设计合理、精美 ☆☆☆ Elegance & Voice 表现大方、声音洪亮 ☆☆ Fluency & accuracy (语言表达准确、流畅) ☆☆	1. 通过展示图片，让学生了解茶在丝绸之路上的地位，了解世界时事，拓宽视野。 2. 首尾呼应。从茶是大自然的美好馈赠，它源于中国，兴于中国，属于世界，使学生增强民族自豪感，同时又意识到自己肩负着责任与担当。 3. 学生通过小组合作，用画思维导图的形式巩固本节课内容。使用拓展阅读材料，拓展学生的知识面。 4. 通过A/B任务的选择既体现了对学生共性的要求，又兼顾了学生的差异性。 5. 使用评价量表激励学生。

续 表

教学步骤 Steps	教学活动 Activities	设计意图 Purposes
Homework	1. Finish the mind map of tea and share with your classmates. 2. Search the Internet. （1）Tea manners in China （2）More inventions invented by accident.	通过作业巩固所学知识和技能，拓展学生的知识面和视野。

（五）板书设计与设计意图 Blackboard Design & Purpose

Unit 6 Section A（3a-3c）

An Accidental Invention

本课时板书设计紧紧围绕本课时阅读内容，对阅读内容结构化，使用中国国旗和世界地图自然地呈现中国在全世界的茶的发明历史中的作用和贡献，形式新颖，让学生对本课时内容结构——茶的起源、发展及传播三个方面有清晰的脉络，通过茶的起源的思维导图的变化，最后板书呈现出"T-E-A"的字样，使学生印象深刻。

六、课例评析 Case Analysis

本节课是一节阅读课，整体设计以语篇为依托，尊重阅读规律，体现了阅读教学的过程性，充分尊重学生的主体性，把学生放在阅读的中心位置，让学生自己真正地去阅读。

根据教学设计和教学实施的情况，本节课有以下几点值得学习和借鉴。

1. 设计思路清晰，体现了阅读的过程性

读前，围绕阅读材料主题"茶发明历史"创设主题情境，激活学生背景知识，激发其阅读兴趣；依据整进整出的阅读体验原则，设计有层次的学习活动。读中，围绕单元话题"发明"，谈论过去的一项偶然发明——茶，获取、整合、内化信息，理解梳理出"内容与结构"主线"茶，源于中国——兴于中国——属于世界"，突出单元功能"谈论发明的历史"过程中动词的时态与语态的恰当使用。读后，围绕本课话题"茶"，学生通过制作思维导图的形式再次梳理内化所学知识，适当补充拓展阅读材料，丰富课堂资源。

2. 聚焦目标，问题设计层层递进

本节课层层递进的问题链帮助学生深入理解语篇，使阅读更有深度，培养学生的质疑与推理能力，发展学生的批判性思维。本节课的课堂提问紧紧围绕文本主题以及文本思想进行提问，从课堂开始的通过图片和题目进行预测，对文体特征的判断以及文章结构的判断，以及细节问题循序渐进帮助学生梳理文章框架突显文本脉络。除了对文本的语言知识的提问外，也有对文本的隐含信息的提问。

比如本文引导学生通过质疑：Was tea just invented by accident？并追问学生 Why or why not？在课堂上，抓住发展批判性思维的机会，及时追问引导学生联系实际进行反思，培养其批判性思维，并为其发展创造性思维创造条件。有效的课堂提问可以促进学生形成批判性思维能力。

3. 根据语篇主题适当补充拓展材料

本节课根据语篇主题，补充了神农尝百草、茶在英国的发展以及最后的 further reading 材料中有关茶的种类、喝茶的好处等材料，帮助学生联系生活实际、拓展视野。拓展材料与文本的主题一致。遵循学生的发展特点、生活经验、认知水平以及语言学习经验，形成进阶式认知序列，推动学生思维的发展。补充"一带一路"等材料和提问，不仅要让学生感受到中国文化的辉煌灿烂，而且要引导他们意识到中国文化在世界上的地位和影响。

4. 迁移创新，传播中国文化

本节课通过思维导图、表格等形式进行梳理文本结构，明晰文本框架，帮助学生建构文本整体和避免信息碎片化，使学生掌握文化知识，厘清文本脉络，最后让学生使用思维导图的形式举一反三，用英语讲述并传播中国文化，增强民族文化自豪感。

5. 过程中体现分层教学

在学习任务中，学生根据自己实际情况和能力水平选择内容画思维导图，体现了对全体学生共性的要求，又兼顾学生的个体差异。

6. 体现了教、学、评的一致性

本课时体现了教、学、评的一致性，有完整的课堂教学活动，每一个教学过程都紧跟教学目标。每一个教学目标可以与活动的目标相对应，对每个活动的具体落实都能够通过观察学生的学习情况，以提供必要的知识，并实现了在教学评价一致性的课堂上不同层次的学生能学有收获。

Unit 7 Teenagers should be allowed to choose their own clothes. Section B 2a-2e 阅读课

陈小华

一、单元整体分析 Unit Analysis

本单元是人教版《英语》九年级全一册的第七单元，在内容编排上，Section A 主要通过听、说的方式介绍了青少年被允许或不被允许做的事情，并在阅读板块中用诗歌的方式引导学生回忆和感受青少年在青春叛逆期不听从父母建议后常常遇到的一些挫折和承担的后果，启发学生思考学会判断哪些时候可以自主决定，哪些时候应该采纳别人的意见，遵守一些必要的规则。在内容上既有常识性的一般"遵守规则"信息，也有中西方文化不同而导致不同的规则情况，还有一些"中立"的规则信息，学生可以从正反两面进行讨论。由此可见，该部分给学生提供了充分的语言支架。Section B 延续了这一编写特点，通过听说课引导学生对同一个规则进行正反讨论，给出合理的理由，理性思考。在阅读语篇中介绍Liu Yu的故事，自己想成为职业运动员的梦想和父母的期待相冲突，激发学生思考如何帮助Liu Yu做出决定，同时也启发学生思考如果自己的生活中有类似的情况，那么该如何选择。写作板块的教学内容要求学生以书面语篇讨论自己觉得在家中需要调整的family rules并说明原因。

通过对以上单元教材的整体分析，我们厘清其主题意义就是学生通过讨论可以被允许和不被允许做的事情，在学会遵守规则的同时，也能够理性思考，对自己不认同的规则能够进行批判性思考。

二、单元教学目标 Unit Goals

1. 语言能力目标

通过听、读、看等方式，学生能够了解青少年在不同场合的一些基本规则，以及在中西方文化不同背景下，青少年需要遵守的规则不一样；能够用口头和书面的方式讨论可以被允许和不被允许做的事情，对某些"开放性规则"能够理性思考，并用目标语言表达观点和说明原因。

2. 文化意识目标

通过听、读关于should（not）be allowed to do等语篇内容，学生能够理解在家庭、学校和社会必须遵守一些普遍性规则；能够了解比较中外青少年部分"规则处境"不一样的文化差异，提升跨文化交际意识。

3. 思维品质目标

通过学习本单元内容，学生能够辩证地看待某些规则，能结合自己的实际情况理性思考，提出看法并说明理由。

4. 学习能力目标

能够运用看主题图、读标题等方式预测学习内容，运用勾画关键词、概括总结等方式读出语篇的言外之意，运用思维导图帮助自己了解语篇脉络，组织提炼和建构自己的观点。

三、单元核心任务 Core Task

用英语谈论家中不太合理的规则，并给出恰当的理由。

四、单元学习划分 Unit Plan（图2-5-3）

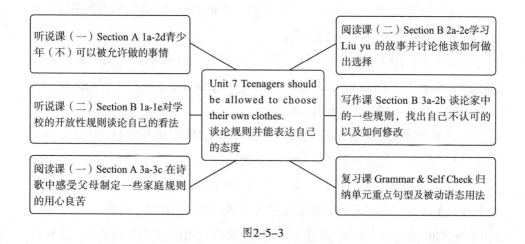

听说课（一）Section A 1a-2d青少年（不）可以被允许做的事情

听说课（二）Section B 1a-1e对学校的开放性规则谈论自己的看法

阅读课（一）Section A 3a-3c 在诗歌中感受父母制定一些家庭规则的用心良苦

Unit 7 Teenagers should be allowed to choose their own clothes.
谈论规则并能表达自己的态度

阅读课（二）Section B 2a-2e学习Liu yu 的故事并讨论他该如何做出选择

写作课 Section B 3a-2b 谈论家中的一些规则，找出自己不认可的以及如何修改

复习课 Grammar & Self Check 归纳单元重点句型及被动语态用法

图2-5-3

五、本课时教学设计 Teaching design

1. 教学内容分析 Analysis of Teaching Contents

本单元以rules为中心话题，让学生学会谈论允许和不允许做的事情；应该被允许和不被允许做的事情；能够针对被允许和不被允许做的事情发表自己的观点，并且能叙述认同或不认同的理由。本课时的内容为Section B 2a-2e。这一节可分为两个模块：第一模块围绕Liu Yu故事和处境而展开，同时感受和学习目标语言；第二模块讨论Liu Yu该如何做出选择。这一课时的重点任务是导入新的语言后，在语言输出时能灵活运用，并结合Liu Yu的实际情况进行理性思考。

2. 课时教学目标 Teaching Objectives

（1）通过观察图片，学生能合理预测图片反映出来的相关信息，并利用快读策略检验自己的预测是否和文章内容一致。

（2）学生能根据上下文和教师创设的情景猜测 be serious about，have nothing against，get in the way of等重要表达的意思，并在语言输出时正确运用这些表达。

（3）学生能利用寻读技巧找出文章中的 facts 或 opinions，并在段落中找出相关的支撑细节。

（4）学生能根据Liu Yu的实际情况，理性分析他的处境，并给出建议以及

建议背后的原因。

3. 学习评价任务 Evaluation Tasks

Task 1 教师教唱一首 chant，学生复习本单元重点句型并引出本课话题，选取英语学习基础中下的学生进行回答。

Task 2 学生观察课本图片，预测以下三个问题：1.Does he like running? Is he good at running? 2. Does he want to become a professional runner? 3. Do his parents support his dream? 随机选取学生进行回答。

Task 3 学生快速阅读文章内容，检测在 Task 2 部分的预测是否正确，并在文章中找出依据，随机选取学生检验完成效果。

Task 4 以 Task 3 的结果为依据，创设问题 Do Liu's parents love him? 并从文章找出能体现父母对其爱的句子且进行情感朗读。之后进一步提出疑问 Does Liu accept his parents' love? 学生2人一组或者4人一组从文中找出依据，随机选取一个小组进行交流展示。

Task 5 开放性任务：根据Liu Yu的实际情况，小组合作进行理性思考和合理分析，帮助Liu Yu想办法，应该何去何从。运用本单元或本课所学词汇、句型传达信息、表达观点。设计三个评价点：语言正确、内容合理新颖、表达自然流畅。通过小组互评、师生共评评出优秀方案。

4. 教学活动与设计意图 Teaching Procedures & Purposes（表2-5-3）

表2-5-3

教学步骤 Steps	教学活动 Activities	设计意图 Purposes
1. Lead-in	学生齐唱一首 chant。	复习句型 "should be allowed to do…" 并引出文章主题。
2. Pre-reading: look and guess	教师展示图片，学生回答以下三个问题：1.Does he like running? Is he good at running? 2.Does he want to become a professional runner? 3.Do his parents support his dream?	借助图片情境，让学生预测文章的基本信息，为阅读做准备。
3. While-reading: fast-reading（read and check）	学生快速阅读文章内容，判断正误。	运用快读技巧，检测读前预测是否正确。

续 表

教学步骤 Steps	教学活动 Activities	设计意图 Purposes
4. While-reading： careful-reading （read and find； read and feel； read and think）	细读文章，回答以下问题并在文中找出依据： 1. Do Liu's parents love him？ （Yes.） 2. If they love Liu Yu，why don't they support Liu's dream？ 3. Do Liu Yu accept his parents love？	设计问题链，引导学生深入思考，并在回答问题的过程中感受语言的同时，在文中找facts/opinions和supporting detail的关系。
5. Post-reading： discuss	学生分小组讨论：Should Liu Yu be allowed to make his own decisions？Why or why not？	根据Liu Yu的实际情况，理性分析，运用目标语言给Liu Yu提出建议，并说明原因。

5. 板书设计与设计意图 Blackboard Design & Purpose

通过思维导图板书设计，学生对本课时内容进行结构化学习和回顾，更好地帮助学生提炼本课内容框架和骨架知识，帮助学生记住本课关键知识、信息，促进知识迁移和灵活运用。

六、课例评析 Case Analysis

本节课是一节阅读课，读思结合，输入、内化、输出有机整合，学生在阅读输入和输出表达中实现词汇、句型和语法感知、体验和运用。

根据教学设计和教学实施的情况，本节课有以下几点值得学习和借鉴。

1. 聚焦主题，体现意义探究

指向学科核心素养的英语教学应以主题意义为引领，以语篇为依托，整合语言知识、文化意识、语言技能和学习策略等内容，创设具有综合性、关联性和实践性的学习活动。

本课例在青少年rules这一话题下，学习了一个名叫Liu Yu的主人公的故事，该故事主要讲述了孩子的梦想和父母的期待相互冲突。学生们通过预测与检验、阅读、讨论、展示、评价等系列任务，活动彼此关联，体现逻辑性和层次性，实现对主题"青少年能自主做决定吗？"进行思考和主题意义的探究。

2. 聚焦目标，开展逆向设计

本课例在单元整体教学设计框架下，充分体现了目标、评价、过程的逆向设计思想，总体设计单元整体目标，课时目标为达成单元目标服务，在本课时目标导引下，精心设计评价任务，评价任务是为检测学生的学习目标达成情况而设计的检测项目，与目标一一对应，促成教学活动的针对性和实效性，在主题语境中贯穿听、说、读、看、写的活动，在活动中落实语言的运用和评价，实现了目标、教、学、评一致。

3. 引向深入思考，注重思维的逻辑性、批判性和创新性

学习是基于语篇内容，建构新意义的过程。本课例通过创设一系列有效的问题和活动，促成了学生与文本、与教师、与同伴的互动，引发学生进行深度思考，培养高阶思维。引导学生从多角度进行思考，激活学生的创新思维、逻辑思维，理性表达自己的观点，在多元评价标准下，实现情感升华和新意义建构。

Unit 14 I remember meeting all of you in Grade 7.

听说课

张珮莅

一、单元整体分析 Unit Analysis

本单元是人教版《英语》九年级全一册的最后一个单元，主题语境是人与自我以及人与社会，单元话题是School Days。

在内容编排上，Section A 主要通过听、说以及诗歌赏析的方式引导学生回忆他们初中三年最难忘的经历，以及引导他们对帮助过他们的教师和同学心怀感恩。在表达、描述以及赏析的过程中，让学生在不同语境中重温、掌握并准确运用一般现在时、一般过去时、一般将来时和现在完成时等时态来表达情感，给学生提供充分的语言支架和背景。Section B 延续了这一编写特色，通过听说课复习，掌握和初步运用这几种时态表达了对过去的回忆和过去经历的描述。在阅读语篇中基于相同的主题和语境进一步对这几种时态进行更深层次、更综合地运用，并激发学生不忘初心，砥砺前行，展望未来。辅助板块的教学内容要求学生以书面语篇、运用综合时态描述他自己过去发生的一件事情或者遇到的一个人。

《课标》指出，主题语境为学科育人提供了话题和语境。所有的语言学习活动都应该在一定的主题语境中进行。学生对主题意义的探究应是学生学习语言的重要内容，直接影响学生语篇理解的程度、思维发展的水平和语言学习的成效。

学生进行听说读写活动，以及发展语言技能都要在意义的引领下进行。探究主题意义是英语课堂首先要做的事情。为了更好地促进学生对主题意义的探究，教师更要提升文本解读能力，在文本解读和学情分析中确定主题意义，挖掘主题所承载的文化信息。主题意义是一节课的主线，应该穿插在所有的活动当中。

通过对这个单元教材的整体分析，我们挖掘其主题意义就是valuable experiences and memories。于是我们决定以学生过去的经历为切入点，在屏幕上展现他们这三年在校园生活或者活动中的照片，让他们置身真实的场景中，以此引起他们的情感共鸣，引导他们体会到师生之间、生生之间的深厚情谊，积极面对未来的各种挑战，对中国传统文化中感恩这一美德进行文化意识的培养。

二、单元教学目标 Unit Goal

目标设定理论认为，人类的行为都是有目的的，要使行为发生，就要设定目标并去追求目标（洛克，1960）。我们从以下四个维度设定了本单元的目标。

1. 语言能力目标

通过听、说、读、写、看的方式，学生能够准确表达过去的经历和感受；能够用口头和书面的方式在正确时态的依托下表达准确的意思和个人观点。

2. 文化意识目标

通过听、说、读、写、看和文段赏析等方式，感受和描述过去，表达观点，赏析诗歌，学生能够领悟到过去经历以及身边人物的珍贵和美好，从而心怀感恩，珍惜友谊，积极面对未来。

3. 思维品质目标

通过学习本单元内容，学生能够辩证地从不同角度去看待过去发生的事情，既能发现其中的美好，又能吸取经验教训，提升自己。

4. 学习能力目标

能够运用看主题图、读标题等方式预测学习内容，运用勾画关键词、概况总结等方式推测大意和作者的写作意图，运用思维导图帮助自己了解语篇脉络，组织提炼自己的观点，在诗歌赏析方面，用模仿创造的方式完成自己的文章。

三、单元核心任务 Core Task

用准确时态来描述自己过去的难忘经历。

四、单元学习划分 Unit Plan（图2-5-4）

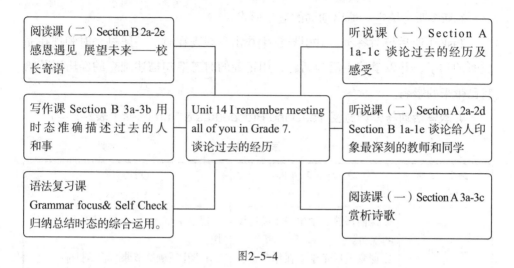

图2-5-4

五、本课时教学设计 Teaching design

1. 教学内容分析 Analysis of Teaching Contents

本单元话题是School Days，主要谈论学生过去的经历和对过去的回忆。本课时是本单元的第一课时，授课内容是Section A 1a-1c，谈论学生过去的难忘经历。本课时的内容是让学生在听力材料中听到别人的难忘经历，引发他们自身对过往人事的回忆，激发他们用正确的时态来描述珍贵的回忆的热情，为后面的写作课搭建单词、词组和句型的支架。

2. 课时教学目标 Teaching Objectives

（1）通过预读听力任务、在听中抓住关键词和运用速写技巧，学生能准确获取信息，正确完成听力任务。

（2）通过听的方式引导学生关注并填写出动词在不同时态中的正确形式。

（3）学生能够用正确的时态谈论过去的经历和感受。

3. 学习评价任务 Evaluation Tasks

Task 1 教师展示班级学生初一入校时的照片以及同学们参加各种校园活动的照片作为引入。

Task 2 听前活动。以unforgettable experiences and memories为中心主题，从

appearance and personality和What you did两个方面入手，想出与之相关的词汇和短语。

Task 3 听力填空。填出动词的适当形式。

Task 4 听后核对答案，并引导学生找出一般现在时、一般过去时和现在完成时的句子，并以学校生活为话题，用正确的时态造句描述难忘的经历以及给自己带来的影响。

4. 教学活动与设计意图 Teaching Procedures & Purposes（表2-5-4）

表2-5-4

教学步骤 Steps	教学活动 Activities	设计意图 Purposes
Lead-in	1. 课前播放"学生三年前进校的视频"。 2. 课堂上展示学生在作业中三个时态运用上的错误。	1. 把学生带入到一个真实的回忆环境中。 2. 让学生明确这节课的教学目标。
Pre-listening	学生以unforgettable experiences and memories为中心主题，从appearance and personality和what you did 两个方面进行头脑风暴。	连接学生已经掌握的知识，为后面的写作搭建台阶。
While-listening	学生用动词的正确形式填空。	对听力材料进行了改编，学生需要在听懂材料的情况下，转换成动词的正确形式再填空，从而引导学生关注动词在不同时态中的形式以及用法。
After-listening	教师给出听力原文，学生把句子按照各个时态进行归类。	引导学生在语境中去观察，进一步巩固学生对这三种目标时态的区分能力。
Oral practice	学生根据自己的回忆，以学校生活为话题用三种时态来造句。	以真实的情景引起学生的共鸣。巩固各个时态的句子也为后面根据自己情况的续写内容做了铺垫。

5. 板书设计与设计意图 Blackboard Design & Purpose

The present tense — present states

The past tense — past experiences and memories

The present perfect tense — influence

通过板书设计，学生对本课所要复习的三种时态有了更加清楚认识，并通过复习这三种时态的语法功能，更加清楚透彻地掌握这三种时态应该用于何种语境。

六、课例评析 Case Analysis

语言技能是语言运用能力的重要组成部分，主要包括听、说、读、写等方面的技能。学习外语的最终目的之一是具备用外语进行交际的能力，而语法知识和能力是基础。正如杨晓钰教授所说："语法和写作有极大关系，语法和听力有很大关系，语法和阅读有很大关系。语法极其重要，要改变的是语法的教学方式。"从语法项目的多维度入手，按照形式、意义和用法让学生正确地掌握英语结构，尤其要重视语法功能的表意作用。本节课是一节听说课，听说结合，输入、内化、输出有机整合，学生在听说任务中实现对词汇、句型和目标时态的感知、体验和准确运用。这节课同时也是对逆向设计的主动应用和积极尝试，从记忆、理解、分辨、运用和创造几个层次来设定教学目标，力求在真实情景中开展语法综合复习教学。

根据教学设计和教学实施的情况，本节课有以下几点值得学习和借鉴。

1. 逆向设计

本堂课采用了逆向设计的方式。逆向设计即先构建单元课程的设计框架，即先确定预期结果（教学目标），再据此结果确定合适的评估证据（教学评价），逆向设计是以目标为导向的。我们以具体的结果作为目标，然后根据这些结果相应地进行了逆向设计。课堂的形式一定是服务于功能的，学生通过这节课能学到什么，这节课能产生什么样的结果，提前思考，于是我们以终为始地设计课堂。只有始终把学生当成设计的对象，才能更好地达到目标。为了完成最终的目标——用正确的时态描述难忘的经历，我们从词汇、短语到句型等方面层层搭建阶梯，让学生在不同的教学任务中不断提升，最终达成目标。成功实现结果导向而不是传统的内容导向。在课堂上，我们更关注学生学，而不是教。教学只是达到目的的一种手段。只有清晰的目标才能帮助我们在设计时有所聚焦，并能指导有目的的行为朝预期结果发展。逆向设计的优点在于，先确定了目标，教师可以更加清楚地知道哪些知识和技能是必不可少的，学生也更加清楚哪些知识是一定要掌握的。

2. 大胆整合改编教材

我们面对的是英语基础相对比较好的、即将毕业的初三学生，课本原有的听后匹配答案的题型就显得过于简单了。为了让学生有收获，教学更有价值，这堂课我们是以教材为依托，我们根据学生的学习程度大胆改编了教材听力部分题型的形式，让教材为我所用。教师心中应该明白，教材也只是达到我们教学目标的工具。改编后的题型变成了听懂文段内容后，用适当的动词填空。改编成转述的文段后，这次练习的形式更好地服务了我们这个单元的教学目标——复习一般现在时、一般过去时和现在完成时。所有的时态都需要动词来呈现，由此可见，对于动词的正确使用显得尤为关键。为了上好这堂听说课，我们在认真钻研教材的基础上，根据所教班级的特性和学情，有针对性地对教材、教学结构和内容进行了整合和改编，学生需要完成的任务不仅是听力填空，而是要在理解已经转述了的文段的基础上，填出动词的正确形式。因为我们始终相信，不能迁移的知识不能算作已经理解。根据学生的知识掌握情况来看，这个改编是成功的。符合了冯·格拉塞斯菲尔德（Emstron Glasersteld）所提出的"教师的作用不再是讲授事实，而是帮助和指导学生在特定领域中构建自己的经验"。我们的改编材料把学生放到了最真实的场景中，这就是特定的领域、他们熟悉的领域，让学生有共鸣，能运用。最适合的教学才是最好的教育。确实如此，不搭花架子，牢记自己的教学目标，让所有的活动和材料为目标服务，这才是我们提升教学效果和效率的有效途径。

3. 教、学、评一致

教学目标是学生完成某项学习任务后应达到的质量标准，即预期的学习结果，它由知识和认知过程组成，它给设计教学活动和教学评价提供依据。我们这次采用的逆向设计方式也不同于具体设计先于教学目标的常规思路，而是将目标设计放在首位。此外，它也区别于将评价放在教学之后的习惯性行为，而是在确定教学目标之后随即进行评价设计，这就使教、学、评更加一体化。教师既是设计师，也是评估师。课程、评估和教学设计的有效性最终都取决于学生对于预期学习目标的完成程度。在这堂课中，教师在课前给出学习目标，因为只有首先关注预期学习结果，这样才可能产生合适的教学行为。在课堂结束前，再现目标，让学生自我评价，力求做到学生"心里有数"，让他们知道"要去哪里"，真正实现以学生为中心的教学。另外，这堂课的教学设计对目标内容的大观念足够关注，相信会对学生的三观形成持续的影响。一堂课一定要有评估，这样可以更好地把控教学。这堂课评估证据很充分，并提供了讲授、启发、小组合作以及个人思考相结合等传统方式和表现性任务方式来检验。这种课堂逆向设计方式会使预期结果、关键表现以及教与学体验之间产生更大的一致性，从而使学生有更好的表现，而这也是课堂设计的目标所在。

4. 关注核心素养的培养

核心素养的问题实际上是培养什么样的人的问题。基于核心素养的教育既包括传统的知识与能力的学习，更强调学生的全面发展和终身学习，特别关注人与社会的统一和协调发展（程晓堂、赵思奇，2016）。

对英语初学者来说，学科的核心素养包括语言能力、思维品质、文化意识和学习能力四个维度。语言能力是通过语言来理解和表达思维意识的能力；思维品质是思考分析能力，用英语进行多元思维活动；文化意识是理解各国文化内涵，吸取精华，尊重文化差异等；学习能力是获得和运用知识的能力。这些都贯穿在整个英语教学中，同时对英语学科核心素养的形成起到关键作用。

教师在这堂课的实践教学活动中，敢于打破传统和教材的束缚，在落实课堂教学任务和计划的过程中，根据学生的自身特点和能力，结合课堂教学内容，制订了一个既能够贴近学生生活且又能完成教师教学任务的教学计划。本堂课不仅关注了知识的掌握，对学生语言能力和学习能力进行了训练和引导，更在思维品质方面，以教材为载体帮助学生感悟生活，珍惜生活，让他们学习成为一个懂得感恩、努力向上的人，促进其全面发展。

Unit 14 I remember meeting all of you in Grade 7. 写作课

崔 辰

一、单元整体分析 Unit Analysis

本单元是人教版《英语》九年级全一册的最后一个单元，也是对学过的知识进行综合复习的一个单元。主题语境是人与社会，单元话题School Days（在校时光）是谈论对即将结束的初中时光的回忆，以及对于以后的打算和计划，话题非常契合学生的生活和学习实际，很容易引起学生情感上的共鸣。这种共鸣有利于本单元教学的顺利进行。

在内容编排上，Section A通过谈论初中毕业生的在校时光，在语言上，让学生回顾加深对几种时态、句式以及固定搭配的理解和运用，在情感上让学生珍惜初中学段的美好时光。Section B是Section A在话题、语言结构和技能上的继续和延伸。在话题上，由谈论过去的中学生活转向对未来的展望；在语言上，除了进一步综合训练Section A所复习的语言项目外，还加强训练学生准确描述过去并展望未来的语言能力；在技能上，则由听、说、读、看转向更为综合的听、说、读、看、写训练。

通过对以上单元教材的整体分析，我们厘清其主题意义就是回忆在初中阶段的美好过往，并能对未来寄以期望。

二、单元教学目标 Unit Goals

1. 语言能力目标

运用听、说、读、看、写等方式，在语境中能运用已学的语言对初中生活展开回忆，并能对美好的未来心生向往。另外阅读英语诗歌，能正确分辨英语诗歌的特点，能辨别文章体裁和明确文章的写作目的，且能通过找押韵词欣赏诗歌。

2. 文化意识目标

通过听、看、读等形式，了解国内外毕业生在毕业典礼上的发言有何不同，并能比较中外毕业生在毕业时有什么不同的活动和形式。比较中文诗歌和英文诗歌的区别，提升跨文化交际意识，提高民族文化自信。

3. 思维品质目标

通过对过去三年初中生活的回顾，能够评判自己在成长路程中的思维变化和转变，能用所学知识表达自己新的观点和看法。

4. 学习能力目标

能在每一课时明确自己的学习目标；能够根据教师要求，通过网络或纸质资源获取中外毕业典礼的资源；能够在规定时间内完成学习目标，并在完成目标的过程中恰当运用相应的学习策略和技巧。

三、单元核心任务 Core Task

能运用所学对过去三年的生活写一篇回忆文章，并展开相应的展望。

四、单元学习划分 Unit Plan（图2-5-5）

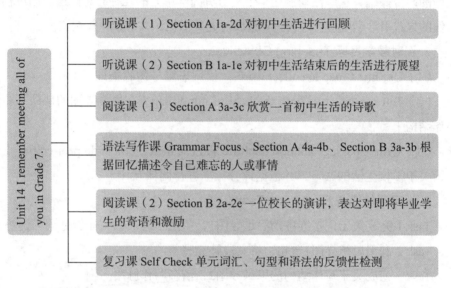

Unit 14 I remember meeting all of you in Grade 7.

- 听说课（1）Section A 1a-2d 对初中生活进行回顾
- 听说课（2）Section B 1a-1e 对初中生活结束后的生活进行展望
- 阅读课（1）Section A 3a-3c 欣赏一首初中生活的诗歌
- 语法写作课 Grammar Focus、Section A 4a-4b、Section B 3a-3b 根据回忆描述令自己难忘的人或事情
- 阅读课（2）Section B 2a-2e 一位校长的演讲，表达对即将毕业学生的寄语和激励
- 复习课 Self Check 单元词汇、句型和语法的反馈性检测

图2-5-5

五、本课时教学设计 Teaching design

1. 教学内容分析 Analysis of Teaching Contents

本单元话题是在学校的时光，主要讨论初中三年学生生活的点点滴滴。本课时是本单元的第四课时，授课内容是Grammar Focus、Section A 4a-4b、Section B 3a-3b，学生们先通过语法聚焦在读、理解、写层面上的操练。Section A的Grammar Focus和4a-4b是对单元重点语法结构的总结、训练和巩固，并且培养学生的理解能力和逻辑思维能力。语法聚焦表格中呈现的语法项目有一般过去时、现在完成时、一般将来时、现在进行时、宾语从句及used to结构。这些语法项目是本单元要求学生重点复习的内容，且可以在后面的写作中使用到上述语法或结构。

由于学生都学过这些语法项目，此处教师适当复习即可，着力将学生的注

意力引向答句，让他们注意观察如何正确地回答问题。

4a-4b活动是对语法内容在读、写层面上的操练。4a活动先让学生给句子排序，组成一篇完整的小篇章，目的是使用排序的方法培养学生的理解能力和逻辑思维能力。4b活动通过提问题让学生回答来巩固学生的语言运用能力，通过使用回答问题的方法巩固学生读和写的能力。这一部分内容提供了展示语境，而不是机械的语言操练，这些活动能让学生复习巩固本单元的几种时态。最后用过程性写作的方式引导学生进行过去三年校园时光的回忆，并形成一篇短文。

2. 课时教学目标 Teaching Objectives

（1）Use mind-map to collect words（使用思维导图收集词汇）

（2）Tell the structure with the help of mind-map（在思维导图的帮助下厘清写作结构）

（3）Write a passage about school life and use the criteria to do peer-editing（写一篇关于学校生活的文章，并依据评分标准进行同伴互评）

3. 学习评价任务 Evaluation Tasks

Task 1 完成关于词汇准备的思维导图1，从四个方面为写作做好词汇铺垫。

Task 2 利用思维导图1造句，将文段补充完整。

Task 3 完成关于写作结构的思维导图2，清晰写作脉络。

Task 4 根据两幅思维导图进行写作，并依据评价标准进行同伴互评。

4. 教学活动与设计意图 Teaching Procedures & Purposes

Stage 1 Lead-in

Task 1.1 视频引入。（Watch a video）

设计意图：开头将播放一段与毕业有关的短视频。视频内容包含初中生活的各个方面，由此来引入本节课的写作话题。教师在视频播放完毕后提问：这段视频讲的话题是什么？从而引出本节课的写作话题"School Life"并给出学习目标。

Learning Objectives：

By the end of the class, I'll be able to：

（1）use mind-map to collect words（使用思维导图收集词汇）

（2）tell the structure with the help of mind-map（在思维导图的帮助下厘清写作结构）

（3）write a passage about school life and use the criteria to do peer-editing（写一篇关于校园生活的文章，并根据评分标准进行同伴互评）

Task 1.2 头脑风暴：看到下面的数字会想到什么？（3 1 1 3 2）（Brainstorming：What will come to your mind when you see these numbers? ［based on the video played before the class］）

设计意图：通过开放式思维碰撞，让学生看到不同的数字思考和自己的初中生活有什么关系，比如3意味着初中有三年、初三或者在三班的意思；1有距离一个月将面临中考，等等，以此来引出话题。

Stage 2 Pre-writing

Task 2.1 通过几组图片展示，完成思维导图的1~4填空（图2-5-6）。（Group work：Think more words to finish the mind-map. What things will you talk about to describe your school life? ）

设计意图：通过图片提示，将校园生活分为四个部分，为接下来的写作框架做铺垫。

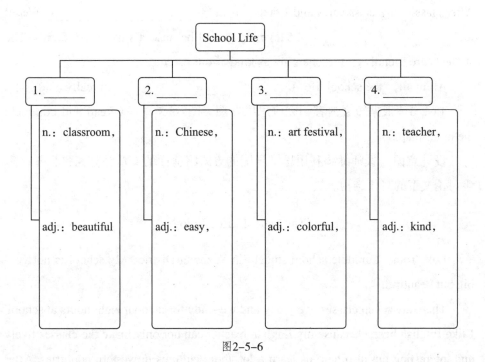

图2-5-6

Tips 1： These pictures may help you to think about the aspects.

Tips 2：Remember to take notes！

Task 2.2 小组合作：基于Task 2.1，将思维导图补充完整。

设计意图：通过这个活动，完成写作前的词汇准备。

Task 2.3 根据自己的实际情况，借助思维导图中的词汇或短语造句。（Use words in the mind-map 1 to make sentences.）

设计意图：通过2.1和2.2活动的准备，将词汇储备用于下面篇章的造句，将篇章补充完整。

The School Life in Qiujing High School

I am _____, a middle school student in Qiujing High School. Our school is ①_____.

There are seven classes every day and we study for it about eight hours at school. I like all the classes especially ②_____, because _____.

After class，my classmates and I take part in ③_____. We all feel _____. I love my school because it's like a big family. The students are friendly and teachers are as kind as our parents.

All in all，the school life ④_____. I really enjoy it!

Task 3请根据短文内容，完成思维导图（图2-5-7）。（Read and complete the mind-map.）

设计意图：教师继续利用思维导图的方式将前面的文章补充完整，并让学生讨论文章的写作结构。

The School Life I Enjoy

I am Tom，a middle school student in Yuzhong District. My school is not very big but beautiful.

There are seven classes every day and we study for it about eight hours at school. I like English best，because my English teacher can not only make the classes lively and interesting but also help us learn a lot about cultures in western countries. After class，my classmates and I take part in all kinds of after-school activities such as drawing，playing chess and dancing. We all have great fun and feel relaxed. I love my school because it's like a big family. The students are friendly and teachers are as kind as our parents.

In a word，the school life I have every day is meaningful and colorful. I really enjoy it!

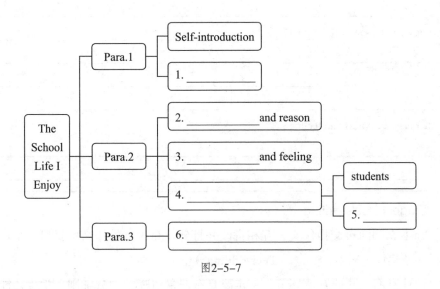

图2-5-7

Stage 3 While-writing

Task 4 在8分钟内根据思维导图和提示完成作文。（Writing based on two mind-map in 8 minutes.）

设计意图：在写前准备的词汇和句子铺垫过后，正式进入写作环节。同时在写作中给出清晰且完整的结构脉络。

《英语学习报》向全国初中毕业生开展大型英语征文活动，假设你叫王明，请以"My School Life"为题投稿参赛。

要点提示：（1）简要介绍你的校园。

（2）介绍你的三年校园生活。

（3）你的感受。

要求：（1）开头已给出，词数80～120词，不计入总词数。

（2）包含以上要点，可以适当扩充。

My School Life

I am Wang Ming, a middle school student in Yangguang High school.

（campus）_____

_____

_____

_____

（course and reason）_____

_____

_____

_____

（after-class activities and feeling）_____

_____

_____

Stage 4 Post-writing

Task 5 和同桌交换作文，互相批改并打分。在对方的作文中找出一个优点并提一条建议（表2-5-5）。（Peer-Editing.）

设计意图：同伴互评环节，一定要具有非常清晰的评分细则，学生才能有依据进行评分。同时不能只给出建议，还要给出一个优点。

表2-5-5

	评分要点	得分
Content（要点）（8）	1. 介绍校园。 2. 介绍三年校园生活。 3. 你的感受。 4. 适当补充	
Language（语言）（8）	1. 语言是否准确。 2. 句式是否多样。 3. 是否恰当使用连接词。 4. 是否有优点。	
Organization（结构）（3）	结构是否清晰	
Handwriting（书写）（1）	卷面是否干净、整洁	
Total（合计）（20）		

"A good composition comes from several times of correction."

好作文是改出来的。

Exchange your writing with your partner，and score（打分）the writing
（表2-5-6）. Try to find one shining point and give one suggestion to improve the
writing.

表2-5-6

Content-8 （要点）	Language-8 (语言运用)	Organization-3 (结构)	Handwriting-1 （书写）	Total-20 (总计)

One shining point：_____

One suggestion：_____

Stage 5 Self-check

在学生自我评价后，教师对本节课进行总结，并给出寄语：

Please consider what people who are around you have done for you and what
they mean to you.

Although you have to go your separate ways now，I hope that in a few years'
time，you'll come back to visit your school. As you set out on your new journey，
you shouldn't forget where you came from.

The future is yours. Good luck to all of you.

课堂最后学生齐读教材Unit 14 Section A 3a诗歌的一部分并阐述作者的
情感态度。

Now it's time to graduate

We will leave out lovely school

I can't believe it's been three years

I'm trying to keep my cool

But it's difficult not to cry

I'll miss the school trees and flowers

And our kind and caring teachers

Wonderful memories of ours

Now it's time to graduate

We will leave out lovely school

I can't believe it's been three years

I'm trying to keep my cool

But it's difficult not to cry

I'll miss the school trees and flowers

And our kind and caring teachers

Wonderful memories of ours

Stage 6 Assigning homework

（1）Polish your final draft and hand it in tomorrow（修改提升你的作文明天上交）

（2）Write several lines of a poem about our school（写几句关于描写学校的小诗）

5. 板书设计与设计意图 Blackboard Design & Purpose

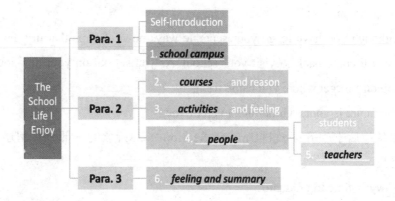

通过思维导图板书设计，学生对本节课的写作结构有了非常清晰的理解，帮助学生记住本课关键知识、信息，促进知识迁移和灵活运用。

六、课例评析 Case Analysis

本节课是一节写作课，根据教学设计和教学实施的情况，本节课有以下几点值得学习和借鉴。

1. 注重写作过程指导和评价

本节课基于过程性写作的特点，注重写作过程监控，加强写作过程中师生、生生之间的沟通与交流，培养学生积极的写作情感，并引导学生互相合作进行及时反思，帮助学生实现从"惧怕动笔"到"乐于表达""善于表达"的转变。

2. 注重写作的输入和铺垫

本节课利用两幅思维导图，其中一幅引出主题，并根据引导将话题分为campus、courses、after-school activities、people四个部分，从这四个部分进行词汇铺垫。另外一幅思维导图则通过例文，引导学生分析写作结构。在两幅思维导图完成后，真正让学生在头脑中形成完整的写作铺垫过程，使学生对写作的词汇、句型和结构都非常清晰。

3. 基于量表的多元评价

写作后的同伴互评一定要基于清晰的评价标准（criteria），本节课从写作要点、结构、语言和书写四个方面满分20分进行互评。学生在没有评价标准的情况下无法准确、清晰地给出具体分数，这就体现了评价标准的重要性。另外给出清晰的评价标准让学生也可以对自己的写作进行自评，今后也知道从哪些方面进行提升。

七、课外拓展资源

在英、美等西方国家，学生初中毕业时，学校都要举行十分正式的毕业典礼。它虽远不如学士、硕士典礼那么重要及隆重，但对初中学校正在经历青春时光的孩子们而言，却也算是最为重要的仪式了。因为它标志着一个时期的结束，以后，他们就要迈入青年时期，是一个重要的人生里程碑。

毕业典礼多安排在学校礼堂举行。这一天的学校礼堂喜气洋洋，一派节日气氛，气球和鲜花往往成为十分夺目的风景，礼堂四周的墙面上会布置很多学生在校期间学习生活的照片、学生作业及成就作品等，既令师生追忆初中阶段的美好时光，也向参加仪式的家长们汇报令其骄傲的子女们所取得的成就（成绩）。

毕业典礼的成员包括相关领导、教师、学生和他们的家长，一般学生居中而坐，家长分坐两侧及后排，规模小一些的学校甚至会安排毕业生步入舞台（主席台）就座。典礼仪式多由宣誓、嘉宾（如学区总监）讲话或致辞、校长讲话、家长及学生代表致答谢词、优秀学生颁奖及向所有学生逐一颁发毕业证书几个环节构成。在乐曲声中，每个接受毕业证书的学生还会在主席台中央稍许停留由家长在台下拍照留念，秩序井然且不失轻松、和谐的气氛。仪式尾声，师生们往往还会集体放声高歌，相互勉励，迈向新的未来。

Unit 14 I remember meeting all of you in Grade 7. 语法及复习课

钱 婷

一、单元整体分析 Unit Analysis

本单元是人教版《英语》九年级全一册的最后一个单元，本单元的话题是 School Days，它正好涉及了人与自我、人与社会这两个主题语境。它采用任务型语言教学模式，融汇话题、交际功能和语言结构，形成了一套循序渐进的生活化的学习程序。

在内容编排上，Section A 主要通过听、说以及欣赏诗歌的方式引导学生回忆初中三年他们最难忘的经历以及引导他们对帮助过他们的教师和同学心怀感恩。在表达描述以及赏析的过程中，让学生重温、掌握并运用现在完成时态、一般现在时态、一般过去时态、一般将来时态等时态在不同语境中表达出准确的意思和情感，给学生提供充分的语言支架和语言背景。

Section B 延续了这一编写特色，通过听说课复习掌握和初步运用这几种时态表达对过去的回忆以及对过去经历的描述，在阅读语篇中，基于相同的主题和语境进一步对这几种时态进行更深层次、更综合地运用，并激发学生不忘初心，砥砺前行，展望未来。写作板块的教学内容要求学生以书面语篇用综合时态描述过去三年里发生的一件难忘的事情或者遇到的一个难忘的人。学生基于

230

Section A 中对时态的复习，以及对过去美好事情进行回忆和描述时所需要运用的词汇、词组、句型进行了铺垫，学生在Section B写作运用部分就不会无话可说、无话可写。

通过对以上单元教材的整体分析，我们挖掘其主题意义就是通过对过去发生的事情进行回忆和描述，通过复习几种综合时态的运用，让学生讨论回忆valuable experiences and memories，以过去的经历为切入点，引导学生体会到师生之间、生生之间的深厚情谊，积极面对未来的各种挑战，对中国传统文化中感恩这一传统美德进行文化意识的培养。

二、单元教学目标 Unit Goals

1. 语言能力目标

通过听、说、读、写、看等方式，学生能够表达过去的经历和感受，能够用口头和书面的方式在正确时态的依托下表达准确的意思和个人观点。

2. 文化意识目标

通过听、说、读、写、看、赏析等方式，感受和描述过去，表达观点，赏析诗歌，学生能够领悟到过去经历和身边人物的珍贵及美好，心怀感恩，珍惜友谊，积极面对未来。

3. 思维品质目标

通过学习本单元内容，学生能够辩证地从不同角度去看待过去发生的事情，既能发现其中的美好，也能吸取经验教训以提升自己。

4. 学习能力目标

能够运用看主题图、读标题等方式预测学习内容，运用勾画关键词、概括总结等方式推测大意和作者的写作意图，运用思维导图帮助自己了解语篇脉络，组织提炼自己的观点。在诗歌赏析方面，运用模仿创造的方式创作出自己的诗歌。

三、单元核心任务 Core Task

用准确的时态表达阐述自己过去难忘的珍贵经历。

四、单元学习划分 Unit Plan（图2-5-8）

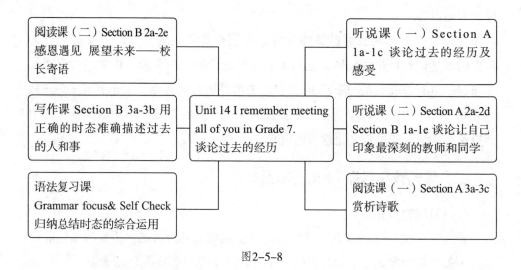

阅读课（二）Section B 2a-2e 感恩遇见 展望未来——校长寄语		听说课（一）Section A 1a-1c 谈论过去的经历及感受
写作课 Section B 3a-3b 用正确的时态准确描述过去的人和事	Unit 14 I remember meeting all of you in Grade 7. 谈论过去的经历	听说课（二）Section A 2a-2d Section B 1a-1e 谈论让自己印象最深刻的教师和同学
语法复习课 Grammar focus& Self Check 归纳总结时态的综合运用		阅读课（一）Section A 3a-3c 赏析诗歌

图2-5-8

五、本课时教学设计 Teaching design

1. 教学内容分析 Analysis of Teaching Contents

本单元话题是School Days，主要讨论过去的珍贵经历和回忆。本课时是本单元的最后一个课时，授课内容是Section A Grammar Focus & Self Check，复习各种时态的用法，并在综合文段中准确地运用各种时态，学生通过本课时复习各种时态的用法并准确地运用时态描述过去的经历和回忆，心怀感恩，展望未来。

2. 课时教学目标 Teaching Objectives

（1）区分三种时态的不同用法。

（2）用正确的时态填空。

（3）用三种不同的时态写句子以及文段。

3. 学习评价任务 Evaluation Tasks

Task 1　给学生展示若干张他们过去的图片，让学生猜猜图片中的人是谁，并用正确的时态描述图片中的人，学生在描述的过程中形成三个不同的语境，然后让学生根据这三个不同的语境判断各自应该用什么时态，从而引出本节课要讨论的三个时态：一般过去时、一般现在时、现在完成时，并带领学生复习。

Task 2　给学生一个综合文段，让学生在5分钟内用正确的时态填空。填完后，抽查学生，检测答案正确与否并进行纠错。在纠错的过程中，对各种时态的标志词提出来再一次进行区分体会。

Task 3　给学生一个更高阶、更复杂、更综合的文段，层层递进，要求学生在10分钟之内用回填、翻译以及读后续写的方式对文段进行填空和完善。其中回填、翻译可以用抽取学生回答的方式进行检测和纠错。读后续写要求学生小组合作，讨论互助，写出优美的积极向上的续写文段，然后小组派出代表上台展示朗读自己小组的续写文段，教师在学生分享之后提问What do you want to say to your dear teachers and classmates? 引导学生感恩，积极面对未来。

Task 4　Self Check 让学生对照课前展示的学习目标，检测自己是否达到了学习目标。

Task 5　教师总结寄语，对本堂课进行情感价值观的升华，引领学生不忘初心，积极面对未来。

Task 6　布置家庭作业，让学生画出三种时态有关用法的思维导图。

4. 教学活动与设计意图 Teaching Procedures & Purposes（表2-5-7）

表2-5-7

教学步骤 Steps	教学活动 Activities	设计意图 Purposes
Presentation	展示图片	引出三种时态以及复习三种时态的不同用法
Practice	综合语段填空	对已复习的三种时态进行运用
Production	完善更复杂的综合语段	对三种时态进行运用并创造
Self check	对照学习目标自查	检测自己是否达到了学习目标
Homework	画思维导图	让学生回家巩固复习

5. 板书设计与设计意图 Blackboard Design & Purpose

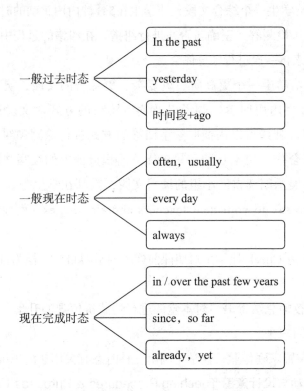

通过板书设计，学生清楚地复习、了解、掌握三种时态的不同标志词，更好地帮助学生提炼本课语法复习的主要知识点，帮助学生记忆三种时态的关键标志词，促进学生更加熟练地正确运用三种时态。

六、课例评析 Case Analysis

本节课是一节语法复习课，通过提供真实语境，复习语法的基本功能，复习语法与运用语法续写文段有机结合，将所复习的内容及时运用在真实有效的语境中，学生们在这堂课中迁移运用三种动词时态，表达真情实感，充分体现了语法的真实意义。

1. 认识到主题意义探究的关键地位

《课标》指出，学生对主题意义的探究应是语言学习的重要内容，教师要认识到，学生对主题语境和语篇理解的深度直接影响学生的思维发展水平和语言学习成效。为了更好地促进学生对主题意义的探究，教师更要提升文本解读能力，在文本解读和学情分析中确定主题意义，挖掘主题所承载的文化信息。本堂课的教学对象为初三下学期的学生，话题为school days，基于人与自我、人与社会两个主题语境，挖掘了本单元的主题意义为valuable experiences and memories，回忆初中三年学习生涯中难忘的人和事。学生对主题意义的探究是本课例设计的明线。

2. 重视语法项目的表意作用

本课例设计与实践是对三维语法观的一次很好地尝试。学生在真实的语境下回忆、练习、巩固到最后迁移运用一般过去时、一般现在时和现在完成时三种时态，充分发挥了学生的学习主体作用，让学生体会到了自主学习探究的价值，取得了明显的效果。

3. 在单元整体教学中积极尝试逆向设计

这种设计方式不同于具体过程设计先于教学目标的常规思路，而是将目标设计放在首位。此外，它也区别于将评价放在教学之后的习惯性行为，而是在确定教学目标之后，随即进行评价设计，这就使教、学、评更加一体化。教师由结果目标导向教学过程，这样教学活动针对性更强，更明确具体。本节课教师以探究本单元的主题意义为主线，以复习语言形式、运用三种时态为暗线，创新性地设计了复习型的语法课，整个课堂专注于最有可能实现这些结果的内容、方法和活动，教学富有逻辑性，调动了学生的学习兴趣，激发了学生的学习动机，提高了语法复习课的效率。

（下篇为渝中区初中英语学科课题组及工作室核心成员撰写）

参 考 文 献

［1］ARTER J，MCTIGHE J. 课堂教学评分规则：用表现性评价准则提高学生成绩［M］. 国家基础教育改革"促进教师发展与学生成长的评价研究"项目组，译. 北京：中国轻工业出版社，2005：2-3.

［2］MAGER R F. Preparing Instructional Objectives［M］. Fearon Publishers，1962：62.

［3］OECD. PISA 2003 Assessment framework：Mathematics，reading，science and problem solving knowledge and skill［M］. Paris：OECD Publishing，2004.

［4］OECD. PISA 2012 Assessment and analytical framework：Mathematics，reading，science，problem solving and financial literacy［M］. Paris：OECD Publishing，2013.

［5］LINN R L，GRONLUND N E. 教学中的测验与评价［M］. 国家基础教育改革"促进教师发展与学生成长的评价研究"项目组，译. 北京：中国轻工业出版社，2005：2-3.

［6］R.M.Gagne，等. 教学设计原理［M］. 上海：华东师范大学出版社，1999：159-160.

［7］WIGGINS G，MCTIGHE J. Understanding by Design（Expanded 2nd Edition）. New Jersey：Prentice Hall：2005.

［8］崔允漷. 基于核心素养的课程标准研制［R］. 上海：华东师范大学出版社，2015.

［9］崔允漷. 追问"核心素养"［J］. 全球教育展望，2016（5）：5-12.

［10］杜威. 杜威五大讲演［M］. 胡适，译. 台北：仙人掌出版社，1988：234.

［11］黄光雄，蔡清田.核心素养：课程发展与设计新论［M］.上海：华东师范大学出版社，2017：6.

［12］中华人民共和国教育部.普通高中英语课程标准（2017年版）［M］.北京：人民教育出版社，2018.

［13］中华人民共和国教育部.义务教育英语课程标准（2011年版）［M］.北京：北京师范大学出版社，2012.

［14］程晓堂.核心素养下的英语教学理念与实践［M］.南宁：广西教育出版社，2021.

［15］核心素养研究课题组.中国学生发展核心素养［J］.中国教育学刊，2016（10）：1-3.

［16］李明远.初中英语课堂教学目标制定中的问题与对策［J］.中小学外语教学（中学篇），2017（10）：36-40.

［17］陆丰.初中英语教学中"主问题"链的思维维度设计［J］.教学与管理，2021（5）：44-47.

［18］马辉.初中英语课堂教学目标设计存在的问题及对策［J］.辽宁教育，2014（12）：38-40.

［19］上海市教育委员会教学研究室.初中英语单元教学设计指南［M］.北京：人民教育出版社，2018.

［20］邵朝友.促进学习的课堂评价：理论与实践［M］.上海：上海交通大学出版社，2015：74.

［21］邵朝友.指向核心素养的逆向课程设计［M］.上海：华东师范大学出版社，2019.

［22］申继亮.把握育人方向，创新育人模式——解读教育部《关于全面深化课程改革落实立德树人根本任务的意见》［J］.基础教育课程，2015（3）：10-12.

［23］王开东.教育，病在何处？——反思"人的教育"与"培养人才"［J］.河南教育，2011（10）：32-33.

［24］王蔷，李亮.推动核心素养背景下英语课堂教—学—评一体化：意义、理论与方法［J］.课程·教材·教法，2019（5）：114-119.

［25］魏惠.核心素养下的初中英语单元教学目标设计［J］.中小学外语教学

（中学篇），2021（6）：61-65.

［26］杨玉琴，倪娟. 学科核心素养视域下的教学目标：科学研制与准确表达
［J］. 化学教学，2019（3）：3-7.

［27］叶畅. 教学目标：不容忽视的课堂教学起点［J］. 中小学英语教学与研
究，2015（6）：11-13.

［28］余文森. 论学科核心素养的课程论意义［J］. 教育研究，2018（3）：
129-135.